★슈슈슈-퍼★
나는 계약직입니다

이하루 지음

BM 황금부엉이

먼저,
감사인사부터 드리고 싶습니다.

결혼, 임신 계획, 퇴사 이유 등
업무 능력과 상관없는 질문들로
저를 단칼에 불합격시켜주신 면접관님과

비정규직에게 애사심과 조직력을 강요하던
일부 정규직 상사님들,

그리고
책임질 수 없지만
가족처럼 일할 비정규직을 찾는 대표님들께 감사드립니다.

덕분에 책 한 권이 나왔네요.

Episode 3.

B정규직이
만났던
헬사원

Episode 4.

B정규직이
써본
웹드라마

Episode 1.

B정규직이
기록한
비정규직

열 정 페 이 : 열 정 뺏 기 고 폐 인 되 는 것

나는 대학에서 문학을 전공했다. 요즘 후배님은 입학하면 어학원에 등록하고 복수 전공을 신청한다는데…. 12년 전에는, 4학년이 돼서야 허겁지겁 토익과 자격증 시험을 준비했었다. 알바비로 술집말고 학원을 갔어야 했는데! 이제 와 때늦은 후회를 해본다.

하지만 술집에서 생각 없이 맥주만 마신 건 아니다. 아주 가끔 '어떻게 먹고 살지?'란 생각도 했다. 4학년이 돼서야 그 답을 찾았다. 그건 바로 '스토리텔링'이었다. 당시 나는 영화와 공연에 관심이 많았는데, 미래에는 스토리가 돈이 될 것이라 확신했다. 하지만 너무 막연했다. 돈이 되는 스토리는 어디서 배워야 할까? 특별히 멘토라 할 만한 사람도 없던 내가 할 수 있는 최선의 노력은, 인터넷 채용공고를 들락거리는 게 전부였다. 그때는 무언가를 시작하고 싶었다. 격렬하게 아무거나.

그렇게 찾아낸 것이 '공연기획사 인턴'이다. 채용공고에는 '조연출 겸 홍보'라고 쓰여 있었다. 과제를 하다가 잠시 쉬는 시간에 간단하게 이력서를 작성해서 보낸 후 다시 과제를 했다. 다음날, 새벽에 잠이 들었던 탓에 오전 11시까지 한밤중이던 내게 전화가 왔다. 눈은 안 떠지고 목도 잔뜩 잠겨 있었다.

"네…."

"여기 KK 공연기획사인데요. 오늘 오후 2시에 면접을 볼 수 있을까요?"

순간 눈이 번쩍 떠졌다. 집에서 회사까지는 1시간 30분이나 걸리는 거리였다. 그런데도 나는 앞뒤 가리지 않고 대답했다.

"네. 가능합니다."

통화를 마친 후 벌떡 일어났다. 대학생이라 마땅한 정장이 없던 나는 외출한 엄마의 옷장에서 비싼 투피스를 꺼내 입었다. 상의는 어깨가 크고 팔이 짧았다. 누가 봐도 '남의 옷 입었네!' 하는 차림이었지만 어쩔 수 없었다. 허겁지겁 준비를 마친 덕분에 약속 시간보다 일찍 도착할 수 있었다. 그땐 몰랐다. 3개월 동안 어떤 일이 벌어질지, 아니 24시간 동안 무슨 일이 벌어질지. 그땐 정말 몰랐다.

# # #

그 공연기획사는 생각보다 번지르르했다. 꽤 괜찮아 보이는 작은 공연장도 가지고 있었다. 언젠가 그곳에서 공연을 봤던 기억까지 더해지니 꼭 합격하고 싶었다. 사무실에는 두 명의 직원이 있었다. 그중 입만 열면 미간에 주름이 잡히던 여자 과장이 나를 발견하고는 "면접 왔어요? 대표님은 지금 좀 바쁘니까 기다려요." 하고는 고개를 획 돌렸다. 너무 순식간이라 대답할 틈조차 없었다. 잠시 얼음처럼 굳어 있다가 구석에 있는 의자를 발견하곤 셀프로 착석했다.

두 명의 여직원은 종일 전화 통화 중이었다. 언론 홍보를 담당하는 여자 과장에게는 꽤 특별한 능력이 있었다. 그건 바로 표정과 목소리를 분리하는 것이었다. 싸우는 표정으로 전화를 붙잡고 상냥한 목소리로 응대할 수 있다니! 그러나 훗날 나도 그녀처럼 표정과 목소리를 분리할 수 있게 됐다. 갖고 보니 그건 능력이 아니었다. 먹고 살기 위한 인내심일 뿐이었다. 막내 여직원은 잡다한 모든 업무를 맡고 있었다. 가장 중요한 업무는 밀린 출연료 및 임금을 요구하는 배우와 스태프들로부터 대표를 지키는 것이었다.

"곧 입금해 드릴게요… 아뇨. 지금 대표님 없어요… 입금된다고요! 좀 기다리세요!"

대표가 있건 없건 늘 같은 말을 반복했다. 지금 생각하면 나도 눈치가 없었다. 저런 통화를 한 시간 가까이 듣고도 면접을 봤으니. 지금이라면 화장실을 핑계로 도망갔을 거다. 진심으로 그랬을 것이다.

# # #

면접은 약속된 시간보다 늦은 3시에 시작됐다. 대표는 백발에 빈티지한 모자를 쓰고, 단색 셔츠와 청바지를 입고, 단화를 신고 있었다. 쉰

이 넘은 나이에 과한 스타일로 보일 수 있었지만, 그의 캐릭터를 제대로 보여주는 듯해 꽤나 잘 어울린다 생각했다.

"이력서 보니까 글도 좀 쓸 것 같던데… 대본은 써봤어요?"

"아니요. 대본 써본 적은 없는데요."

"그래도 닥치면 알아서 다 하더라."

"제가 할 일이 정확히 어떤 건가요? 채용공고에는 조연출, 홍보라고 되어 있던데…."

"공연과 관련된 모든 업무를 해야 해요. 걱정 마요. 배울 게 많을 테니까."

"아, 네. 그럼, 월급은 어떻게 되나요?"

내 입에서 '월급'이란 말이 튀어나오자 대표는 황당한 표정을 짓고는 이렇게 물었다.

"내가 이 공고를 내고 몇 장의 이력서를 받았을 것 같아요?"

"네?"

"하루 양 말고도 많은 사람들이 이력서를 보냈어요. 명문대 학생들도 있었죠. 그런데 왜 내가 그 많은 사람 중에서 하루 양에게 면접 기회를 줬는지 알아요?"

"아니요."

"눈빛에 열정이 가득해 보였어요."

"네?"

"나는 학벌보다 사람의 가능성을 더 높게 평가해요. 이력서에 있는 사진을 봤을 때, 눈빛에서 열정? 패기? 이런 게 느껴졌어요. 혹시 J라는 작가 알아요?"

"네. 좋은 작품 많이 쓰셨죠."

"걔도 내가 키웠어요. 딱 J의 10년 전 얼굴을 보는 것 같았지."

"이력서 사진은 좀 오래된 건데…. 아무튼 좋게 봐주셔서 감사합니다."

"돈 안 받고 일할 사람도 널렸지만, 내가 특별히 하루 양에게는 50만 원 줄게요."

"한 달에 50만 원이오?"

"배우면서 돈까지 받는 일은 세상에 드물어요. 아무튼 합격!"

"네?"

"오늘부터 일할 수 있겠어요?"

"오늘이오?"

아직도 그때의 퇴근 시간을 정확히 기억한다. 다음날 오후 1시였다. 휴대폰이 없었다면 부모님이 경찰서에 실종 신고를 했을지도 모른다.

# # #

나는 정말 공연과 관련된 모든 일을 해야 했다. 사무실 직원들의 심부름, 대본 작업 보조, 배우들의 식사와 스케줄 정리, 대표의 스케줄 정리, 대표 가족들의 일거수일투족 살피기 등. 회사와 관련된 모든 사람의 비서이자 매니저였다. 대표는 새벽이건 밤이건 상관없이 전화를 했고, 사무실 직원들은 화가 나면 내게 짜증을 냈고, 배우들은 내게 모든 잔심부름을 시켰다. 나는 진정한 '동네 북'이었다.

그중 가장 참을 수 없었던 건, 한 여배우의 직설적이고 까다로운 성

실화냐? 최저 임금 쌩 깐 월급?

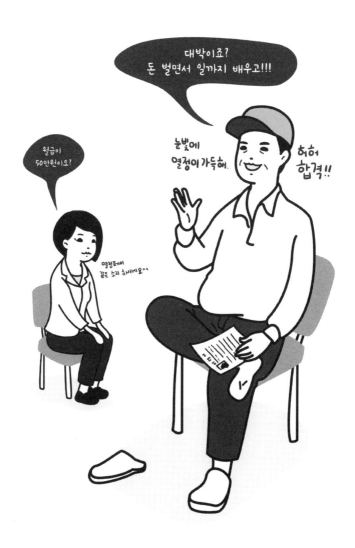

격이었다. 그녀는 처음부터 나를 탐탁지 않아 했다. 본인이 서는 무대의 조연출이 풋내기 대학생이란 것이 싫다고 했다. 그래서 매번 이상한 요구를 했다. 남들 다 배달 음식을 먹을 때 굳이 배달이 안 되는 식당의 음식을 요구하거나, 피부 관리실 예약을 부탁한다거나, 다이어트를 한다며 고구마를 사 오라고 한다거나.

언젠가 피부과를 예약해주고 '자세한 건 그쪽에 문의하세요.'라는 문자 메시지를 보냈다. 그러자 바로 전화를 해선 흥분한 목소리로 "싸가지 없이 지금 누구한테 그쪽이라고 한 거냐!"라며 한 시간 넘게 나를 혼냈다. 차라리 짧고 굵게 욕을 하지. 지가 '그쪽에'를 '그쪽이'라고 잘못 읽어놓고는.

일을 시작한 지 한 달 반이 지나자, 몸무게가 44킬로그램이 되었다. 초등학생 때 이후로 체중계에서 본 적 없던 숫자였다. 삼시 세 끼 다 먹고 간식까지 챙겨 먹으면서 8킬로그램을 감량할 수 있다니! 대표와 미팅을 가거나 기자들을 만나면, 간혹 "배우예요?"라고 묻는 사람도 있었다. 다이어트는 진정 최고의 성형이 확실했다. 물론 다시 시도하고 싶지 않은 다이어트지만 말이다.

몸무게가 줄어들수록 집에 들어가지 못하는 날이 많아졌다. 새벽에 일이 끝나도 아침 일찍부터 일정이 시작되곤 했다. 그런 날이면 그냥 사무실 소파나 공연장 무대에 침낭을 깔고 잤다. 그때는 정말 열정과 패기가 있었는지도 모르겠다. 그런 밤이 성공 드라마의 도입부라고 믿었으니 말이다.

# # #

드디어 공연이 무대에 올랐다. 온갖 잡일을 도맡은 나를 포함해 5명의 작가가 만든 대본은 싱겁고 재미까지 없었다. 초대권으로 온 관객들은 박수를 보냈지만, 표를 구입해서 온 관객들은 조용했다. 모두가 말을 하진 않았지만, 알고 있었다. 조용한 관객의 평가가 더 정확하다는 걸. 이야기도 상품이었다. 관객인 소비자가 만족하지 못하면 더 이상 판매할 수 없다. 공연이 무대에 오를 수 없다는 뜻이다. 3달 동안 준비한 공연은 3주 만에 무대에서 내려왔다. 그리고 나의 인턴 기간도 그렇게 끝났다.

공연이 끝날 때까지 3달 치 월급인 150만 원은 입금되지 않았다. 나는 사무실에 전화해 여직원에게 사정했다. 일하는 동안 쓴 신용카드 대금을 결제할 돈이 없다, 곧 학기가 시작되는데 학비가 부족하다 등 수많은 애처로운 이유를 만들어 사정했지만, 그녀의 대답은 한결같았다.

"곧 입금해 드릴게요… 아뇨. 지금 대표님 없어요… 입금될 거니까 기다리세요."

2개월 후 어렵게 통화하게 된 대표는 이렇게 말했다.

"하루 양은 이쪽 일을 계속 할 생각이 없나보네. 우리가 계약서를 쓴 건 아니지만… 그래도 고생했으니까 일단 내 돈으로 일부 입금해줄게. 하루 양이 얼마 받기로 했지?"

그날 70만 원이 입금됐다. 80만 원을 더 받아야 했지만, 난 더 이상 그 회사에 전화하지 않았다.

그때는 '열정 페이'란 말이 없었다. 만약 내가 국립국어원 직원이고, 누군가 질문 게시판에 '열정 페이가 무슨 뜻인가요?' 하고 묻는다면, 이렇게 답할 것이다.

"열정 페이란 열정 뺏기고 페인 되는 것을 뜻합니다."

얼마 전, SNS에서 대학 시절 전공 교수님이 올린 글을 읽게 됐다. 학생 상담을 하며 느낀 점에 대한 내용이었는데, 유독 '요즘 청년들은 자기 회복력이 약하다. (중간 생략) 어느 세대라고 문제가 없었겠는가!'라고 쓴 부분이 눈길을 잡아끌었다. 그분의 수업을 들어봤기에 학생들에 대한 관심과 사랑이 크다는 것을 알고 있었다. 글도 그런 마음에서 올리셨을 것이다. 하지만 아쉽고 서운한 감정이 드는 건 왜일까?

> 요즘의 2030세대는 '사회적 약자'라고 생각한다. 우리는 이래야 한다, 저래야 한다, 이러면 안 된다, 저러면 큰일난다, 이렇게 어른들의 생각을 강요받으며 어른이 됐다. 그런데 어떻게 되었나? 우리가 마주한 세상은 어른들에게 배운 세상과 달라져버렸다. 기회라고 알려준 건 기회가 아니었고, 성공이라 확신한 건 실패했다.
> 생각할 것 없이 답만 외우라고 했으면서, 전혀 본 적 없는 문제를 마주하자 '왜 못 풀어, 왜 생각 안 해?' 라고 다그치는 것만 같다. 물론 안다. 다 우리가 잘되라고 그랬다는 거.
> 어른의 어른들과, 어른인 우리들의 갈등과 오해가 풀어졌으면 좋겠다.

그래서 정규직이야?

"그래서 정규직이야?"

이해한다. 확인하고 싶은 마음과 궁금한 마음이 생긴다는 거.

나도 그렇다. 이해는 된다.

# # #

열심히 노력한 당신. 대기업 채용에서 몇 번의 고배를 마신 후 다시 마음을 잡고 도전한 끝에 중견 기업에 입사했다. 월급은 좀 적지만 "어느 회사 다니세요?"라는 질문에 대답하면, 10명 중 9명은 아는 제법 이름이 알려진 회사다. 하지만 만족스럽지 않다. 특히 주먹구구식으로 일하는 상사와 대표의 컬래버레이션과 '동호회'라고 쓰고 '주말 근무'라고 읽는 복리후생은 최악이다. 그렇다고 사표를 쓸 수도 없다. 취업했다고 거들먹거리며 지른 자동차 할부가 47개월이나 남았기 때문이다. 어쩔 수 없이 상사가 담배를 태우러 가는 시간을 이용해 구직 사이트를 뒤적거린다. 괜찮은 채용공고를 발견한 날에는 정성스럽게 지원서를 작성하느라 새벽에 잠이 든다. 그런데 매번 불합격이다. 혹시라도 면접을 보게 될 때면, 이름도 모르는 먼 친척의 장례식을 만들어 반차나 연차를 써서 기어코 갔다. 그런데 또 불합격이다. 답이 없다.

그러던 어느 날 고등학교 동창 모임에 갔다. 그날은 소식이 뜸했던 친구 A도 왔다. 아련한 추억들이 떠오른다. 그는 당신보다 공부도 못했고, 운동도 못했던, 좀 어리숙한 녀석이었다. 자기가 짝사랑하던 여자가 당신에게 고백했다고 해도 잘해보라고 응원하던 녀석이었다. 그래도 밝고 착해서 같이 다녔던 친구였다. 서로 다른 대학에 입학한 후 연락을 못 하고 지냈으니 9년 만의 만남이다.

"나 S그룹에 다녀."

근황을 묻던 중 "회사는 어디냐?"는 당신의 질문에 A가 답했다. 순간 심장이 번지점프를 하는 것처럼 추락해버린다. S그룹이라면 당신이 얼마 전 지원서를 냈다가 서류 전형에서부터 불합격한 회사다.

A는 그저 그런 대학교를 졸업했는데, 어떻게 된 일일까. 바닥으로 추락했던 심장이 다시 기어 올라와 요동친다. 두근두근. 못난 질투심이 꿈틀댄다. 마음을 진정시키기 위해 소주를 한 잔, 두 잔, 석 잔…. 그

러다 한 병을 마셨다. 취기가 올라올수록 이건 뭔가 잘못됐다는 생각이 든다. S그룹은 그리 만만한 곳이 아니다. 명문대 졸업생도 들어가기 쉽지 않은 곳이니까. 그런데 A가 들어갔다고? 나름 알아주는 대학을 졸업하고, 영어와 자격증, 그리고 다양한 활동으로 스펙을 무장한 당신도 뚫지 못한 성지를, 쟤가?

당신은 눈으로는 A를 살피고, 머리로는 A의 과거를 되짚어본다. 눈으로 살펴본 A의 외모는 확실히 예전보다 나아졌다. 살도 뺐고, 피부도 좋아졌고, 무엇보다 스타일이 세련됐다. 하긴 A가 예전부터 옷은 잘 입었다. 늘 브랜드 옷만 입고 다녔는데, 물어보면 다 엄마가 사준 거라고 했다. 그런 옷만 입고 다닌 거 보면 의외로 A가 '금수저'였는지도 모른다. 그렇다면 퍼즐이 맞춰진다. 혹시 낙하산? 당신은 온몸의 전율을 느낀다. 자신이 이렇게까지 유치한 인간인지 29년 동안 몰랐기 때문이다.

그러다 순간 '번쩍' 하는 것이 있다. 어쩌면 A는 정규직이 아닐 수 있다는 추론이다. 회사 얘기하며 호탕하게 웃고 있는 A. 그 모습을 보며 당신은 안주와 질문을 입안에 넣고 오물거린다. 질문은 이것이다.

"그래서, 너 정규직이야?"

대화의 흐름을 절단시키는 전기톱 같은 질문이란 걸 안다. 그러면서도 당신은 계속 타이밍을 살피며 질문을 씹고 있다.

# # #

한 시간이 지나자 다들 술자리를 정리하는 분위기다. 당신은 아직 입안에서 질문을 꺼내지도 못했는데, 하필이면 이 분위기에서 A가 먼저 일어선다. 내일 일찍 출근해야 한단다. 당신은 서둘러 그의 팔목을 잡는다.

"야! 오랜만에 봤는데, 섭섭하다! 한잔만 더 하자. 응?"

그러자 A가 기분 좋은 미소를 지으며 말한다.

"우리, 회사도 가까운데 다음에 퇴근하고 한잔하자. 나 진짜 가야 해. 계약이 끝나가는 시기라 잘 보여야 하거든."

"계약?"

"나 계약직이야. 이번에 잘되면 무기 계약직이 될 수도 있을 것 같아."

순간 온몸에 열이 올라 귀까지 빨갛게 달아오르는 것이 느껴진다. 굳이 거울을 보지 않아도 안다. 이 열기는 취해서가 아니다. 미쳐서다.

집으로 돌아온 당신은 침대에 누웠지만 잠이 오지 않는다. 다행스럽게도 친구들은 당신의 유치한 질투심을 알아차리지 못했다. 그런데도 A와의 마지막 대화가 떠오를 때마다 불끈불끈 온몸에 닭살이 돋아 이불 킥을 멈출 수 없다. 이 민망함이 오랜 시간 남을 것만 같다. 그래서 당신은 도저히 잠을 이룰 수 없었다.

지인이 털어놓은 이야기를 재구성해봤다.

그는 다시 떠올려도 민망했는지 말하면서도 허공에 발길질을 했다. 아마도 자신을 향해 날린 킥이었으리라. 그는 자학 시트콤처럼 친구 A에 대한 이야기를 한 후 마지막을 이렇게 장식했다.

"그 친구는 무기 계약직이 됐어. 진짜 다행이라고 생각했는데, 나중에 술 한잔하면서 걔 연봉을 알게 됐는데 나보다 많이 받더라? 난 그 액수가 사실이 아니길 바라면서 술을 마셨지. 내가 그때 확신했어. 나 진짜 미친놈이란걸. 아무튼 나도 얼른 그 회사로 이직해야 하는데, 정규직으로…."

때론 남자들의 질투심이 더 무섭다.

비정규직으로 시작해도 될까요?

"비정규직으로 시작해도 될까요?"

사회생활 하면서 참 많이도 받았던 질문이다. 그래서 '카카오 브런치'에 이와 관련된 글을 썼었다. 그땐 민감한 주제라서 발행하기까지도 망설였었다. 그러나 얼마 후 대통령까지 나서서 적극적으로 얘기하는 화두가 되었고, 지금은 좀 편한 마음으로 이야기를 꺼낼 수 있게 됐다.

그렇지만 이 말은 해야 할 것 같다. 나는 그저 오랜 시간 비정규직으로 일했고, 이런 과정을 통해 사회생활을 시작한 이들을 지켜본 사람일 뿐이란 사실! 혹시 지금 촉이 오는가? 맞다. 난 지금 어설프게 한쪽 발만 담그고 얘기하려는 거다. 넘치는 지식이 없어서, 얕은 경험만 있어

서, 현명한 답변을 할 수 없을 것 같아서, 이러는 거다. 그렇지만 누군
가에겐 도움이 될 수도 있으니 지금부터 이야기를 풀어보겠다.

# # #

먼저 나의 재미없는 사회생활 이야기부터 시작해보겠다.

앞에서 공연기획사에서 일했던 에피소드를 작성한 것처럼, 나는 졸
업하기 전부터 일을 했다. 그렇게 계산하니 10년은 사회생활을 한 셈이
다. 다들 이런 착각을 한다. 수직으로 흐르는 시간 속에서 내 시간만 굴
곡지게 흐른다고. 나도 그랬다. 공연기획사를 포함해서 두 군데서 인턴
생활을 한 후 이름이 잘 알려진 회사의 정규직 사원으로 입사했지만,
버텨내지 못하고 관뒀다. 그 후 방황을 거치다보니 이력서가 길어졌다.

〈나의 사회생활 10년〉

정규직 → 프리랜서 → 정규직 → 계약직 → 프리랜서 → 계약직 → 프리랜
서 → 파견직

현재는 외국계 기업에서 파견직으로 일하는 중인데, 최근 추천을 통
해 본사 면접을 봤다. 물론 2년 계약직 자리다. 본사 직원은 4명 중 1명
이 계약직이다. 그중에는 정규직으로 전환된 사례도 간혹 있다. 하지만
이 말은 계약직으로 일하다가 퇴사한 사람이 더 많다는 뜻이기도 하다.
이런 상황이라면 합격을 하더라도 계약 기간까지만 일했을 확률이 높다.

여기서 중요한 건, 나는 이제 정규직이건 계약직이건 크게 상관하지

않는다는 것이다. 자존심인지 자포자기인지 오락가락할 때가 많지만, 난 그렇다. 개의치 않는다. 해왔던 업무는 다르지만 10년 동안 같은 분야에서 일했다. 그래서일까? 회사를 그만두는 상황은 두렵지만, 잘린다고 생각해도 두렵지 않다. 일은 어떻게든 구할 수 있을 것 같으니까.

그래도 이력서가 길고 지저분한 건 마이너스다. 이 상황에 대해 굳이 변명하자면 이렇다.

"내가 하고 싶은 일이 무엇인지 정확히 몰라서 그랬어."

가끔 이런 형편없는 이력서를 가진 나에게도 고민 상담을 요청하는 사람들이 있다. 그들의 고민은 비슷하다. 비정규직으로 회사생활을 시작해도 될까? 하는 거다. 사실 대화를 하다보면 대부분이 고민이 아닌 위로와 공감을 원하고 있을 때가 많다.

사회 초년생이 비정규직 자리를 두고 고민하게 되는 경로는 이렇다.

졸업을 앞두고 일단 알 만한 회사에만 지원하지만, 번번이 서류 전형에서 떨어진다. 겨우 면접까지 가더라도 '불합격' 통보를 받기 일쑤다. 그렇지만 절대 중소기업엔 지원하지 않는다. 생각해본 적도 없고 자존심도 있으니까. 그렇게 시간이 흘러 졸업과 동시에 공식적인 백수가 된다.

그래도 부모님은 괜찮다, 믿는다, 넌 할 수 있다고 말해준다. 하지만 시간이 흐를수록 정신은 얇고 투명한 유리가 되어간다. 어머니의 한숨 섞인 헛기침은 비수가 되어 가슴을 후비고, 뉴스에서 '청년 실업'이란 말만 나와도 채널을 돌려버리는 아버지의 배려에 자존감이 산산조각이 난다. 이런 증상은 백수 동지였던 친구들이 하나둘 떠날 때마다 심해진다. 결국 참다 참다 자가 처방을 내린다.

처방이란, 눈에 보이는 모든 회사에 이력서를 보내는 거다. 이때부터는 중소기업이건 구멍가게건 상관없다. 일단 걸려라, 하는 마음이다. 종종 이력서에 회사 이름을 바꾸지 못하고 보내는 상황까지 발생하지만, 알아차리지 못할 때도 있다.

이런 전투적인 도전 끝에 덜컥 큰 회사에 합격했다. 행운이라고? 근데 계약직이란다. 고민이 또 다른 고민으로 이어진다.

"비정규직이라는데 괜찮을까요?"

장기간 지속된 격정적 취업 준비로 지친 후배가 당신에게 이런 질문을 한다면 어떤 대답을 해주겠는가. 몇몇 지인들에게 물어본 결과 비슷한 대답이 나왔다.

"계약직은 좀 그렇지. 차라리 작은 회사 정규직이 낫지."

맞다. 그들의 말이 맞다. 큰 회사라도 비정규직은 작은 회사의 정규직보다 불안한 느낌이다. 그러나 누군가 내게 저런 질문을 한다면, 대답하기 전에 이런 질문부터 하겠다.

"그래서 어떤 업무야? 네가 원하던 업무야?"

딱히 답을 하지 못하거나 잘 모르겠다고 대답하는 친구들에게는 단호하게

"넌 그 회사 안 가는 게 좋겠다."

라고 말한다. 책임질 것도 아니면서 말이다.

매달 월급을 받는 것. 어딘가에 소속되는 것. 나를 증명하는 것. 우리 삶에서 매우 중요한 것들이다. 이런 것을 부정하고 무작정 행복이란 단어를 밀어붙이기엔, 난 너무 현실적이다.

불가능하겠지만, 잠시 유체 이탈을 시도해보자. 그리고 처음 만난 사람과 대화하는 당신의 모습을 유심히 관찰하자. 참고로 처음 만난 사람은 소개팅으로 만난 이성이다. 당신은 자신을 어떻게 소개하고 있는가. 아마도 직장이나 직업이 무엇인지 말했거나, 상대가 물어 대답했을 것이다.

왜 직장인은 회사와 직업으로 등급이 정해지고, 또 그런 기준으로 남의 등급을 측정하는 걸까. 짧지 않은 인생, 의학기술까지 발전해서 퇴사하거나 퇴직해도 반백년은 더 살아야 하는데, 왜! 인생의 등급을 정하는 기준이 이렇게도 단순할까.

내가 '비정규직' 고민을 털어놓는 사람들에게 가장 먼저 업무에 대해 물어보는 이유는 이렇다. 부끄럽게도 회사 이름과 직업의 이미지만 보고 사회생활을 시작했던 나의 실수를 누군가가 하지 않았으면 해서다. 처음부터 대기업에 입사해서 승승장구한다면 좋겠지만, 이렇게 시작하는 친구들이 몇 명이나 될까? 설령 그렇다고 하더라도, 그들 또한 입사후 다양한 이유로 고민과 좌절에 빠지게 된다. 사회는 어떤 새내기에게도 쉽게 온정을 베풀지 않는다.

쓰다 보니 칙칙한 분위기가 되었지만, 훈훈하게 마무리하고 싶다.

먼저, 비정규직으로 시작한다고 기죽지 마라. 남의 시선 의식할 시간에 개인기 만들기에 집중하라. 요즘은 일에 대한 전문성은 기본이고, 그 전문성 안에 어떤 특별한 개인기가 있는지가 중요하다. 여기에 희망적인 메시지를 보태면, 모든 계약직이 끔찍한 저임금으로 일하는 건 아니다. 특정 업무의 전문성에 개인기까지 있는 경우에는 대기업 사원의 연봉을 추월하기도 한다. 주변에 이런 지인들이 있다. 내 경우에는 회사에 다니며 프리랜서 일을 병행하면 가능할 수도 있겠지만(혼자만의 착각), 게을러서 못 한다고 생각하고 싶다.

모든 사회 초년생에게는 한 장의 도화지가 주어진다. 간혹 누군가는 이미 멋진 그림이 그려져 있는 도화지를 받기도 한다. 이들을 '금수저'라 부른다지. 이 글에 공감하는 당신과는 동떨어진 케이스이니, 우리만 생각하자. 아무튼 대부분의 사람들에겐 새하얀 도화지가 주어진다. 지금 내 모습은 도화지의 밑그림 단계다. 이제 막 연필로 짧은 선 하나 그린 정도? 그림이 완성되려면 반백년도 부족하다. 그리고 어떤 그림이 완성될지는 아무도 모른다.

사회생활에는 뜻밖의 반전이 많다. 오늘의 주인공이 내일의 단역이 되기도 하고, 오늘의 단역이 내일의 주인공이 되기도 한다. 내일 당장 우리에게는 어떤 일이 일어날까? 이것 역시 아무도 모른다. 더욱 훈훈한 마무리를 위해 이 문장을 꼭 쓰고 싶다.
"오늘의 당신은 내일의 당신이 아니다."

Episode 1

'다 잘되겠지'라는 말

B가 내게 물었다.

"노력하면 정규직이 될 수 있겠죠?"

목소리는 단단했지만 격하게 흔들리는 눈빛 탓에 B는 어딘가 아파 보였다. 그래서 난 테이블 쪽으로 몸을 더 밀착시켰다. 진부한 대답이 아닌 진심이 담긴 대답을 해주고 싶었으니까. 착각일 수 있지만, 나는 그녀의 심정을 92.8%쯤 이해하고 있었다. 경험해 봤으니까. 느낌 아니까.

"세상이 공평하지가 않아. 알잖아. 노력한다고 다 성공하는 게 아니란 거. 노력해도 실패할 수 있다는 거. 그건 네 잘못이 아니야. 알아, 너 힘든 거. 네가 얼마나 죽을힘을 다하고 있는지도. 나머지는 '운'에 맡겨

보자. 지금 너한테 가장 필요한 건 잠이야."

테이블 사이로 침묵이 흘렀다. 나는 뜨거운 커피에 입김을 불어넣으며 기다렸다. B의 대답을.

"배신감이 느껴져요. 누구한테 느끼는 건지 나도 모르겠는데, 막 억울하고 밉네요. 처음 입사할 때는 잘하면 될 수 있다고 했는데…."

# # #

B는 여행지에서 우연히 알게 된 동생이다. 그녀는 졸업을 앞둔 대학생이었고, 나는 서른 살의 백수였다. 취미와 취향, 모든 게 다른 우리 사이의 공통점은 '같은 숙소'란 것뿐이었다. 우리는 작은 게스트하우스의 유일한 한국인이자 여자라서 대화를 할 수밖에 없었다. 여행이 끝나고 연락처를 주고받았지만, 전화통화를 한 적은 없었다. 가끔 메신저로 짧은 안부를 주고받는 게 전부였다. 그러던 어느 날, 다짜고짜 전화를 건 B가 "언니, 오늘 봐요."라고 말하며 갑작스레 만남이 성사됐다.

그때 B는 중견 기업의 계약직으로 일하고 있었다. '겨우'란 표현은 좀 잔인하지만, 그녀는 졸업 후 9개월 넘게 수많은 회사에서 불합격 통보를 받다가 지푸라기라도 잡는 심정으로 지원한 회사에 겨우 합격했다('겨우'란 부사를 여러 번 반복한 건 그녀였다).

여행지에서 만난 그녀는 명랑하고, 쾌활하고, 발랄했다. 특히나 사람을 대하는 센스가 뛰어났다. 누군가 말을 하면 동그란 눈에 힘을 주고 경청하고, 말이 끝나면 적절한 감탄사를 뱉어냈다. 그러니 회사에서도 오죽 귀염을 받았을까. 얘기를 들어보니 예상대로 회사 사람들과도 잘 지낸 듯했다.

　그녀는 회사에 대한 불만이 크게 없었다. 그저 계약이 끝나는 날이 다가온다는 사실이 긴장될 뿐이었다. 그렇게 계약 종료가 3개월도 남지 않은 시점까지 와버렸다. 그런데 회사는 조용했다. B는 30년도 아니고, 3년도 아니고, 고작 3개월 후의 자신을 예측할 수 없단 사실을 깨달았다. 상상조차 해본 적 없는 괴로운 일이었다.

　그러나 그보다 더 괴로운 건 주변 사람들의 반응이었다. 수당도 안 주면서 주말 근무까지 시켰던 과장, 회식 때마다 노래와 춤을 시켰던 부장, 회사 근처 맛집 탐방을 함께했던 대리, 잔심부름을 도와줬던 사원까지. 누군가는 그녀에게 "너 곧 정규직 될 거래."라고 말해줄 것 같았는데 모두들 조용했다. 그녀는 참고 참다가 사원과 대리에게 물었다.

　"3개월 남았는데, 어떻게 될까요?"

　돌아온 대답은 건조했다.

　"다 잘되겠지."

　그녀는 부장과 과장에게도 같은 질문을 했다. 그들은 매우 걱정스러운 말투로

　"요즘 회사 분위기가 너무 안 좋아서 큰일이야…. 근데 다 잘되겠지."

　라는 말을 남기고 각각 화장실과 회의실로 발길을 돌렸다.

　그 후 B는 불면증에 시달렸다. 피곤함에도 닫히지 않는 눈꺼풀로 인해 괴로운 날들이 이어졌다. 어떤 밤에는 알 수 없는 배신감에 치를 떨

었고, 또 어떤 밤에는 이런 고민에 빠진 스스로를 비난했다. 부정적인 감정들이 그녀의 수면시간을 갉아먹었다.

그러던 어느 날 밤, 번개처럼 떠오른 사람이 있었다. 여행에서 만난 그 언니였다. 계약직으로 일하다가 회사 관두고 놀러왔다던 철없는 그 언니, 바로 나다.

"정규직으로 전환된 케이스가 많나요? 이 포지션은 어때요?"

2년 전, 나는 "마지막으로 우리 회사에 대해 궁금한 점이 있냐?"고 묻는 면접관에게 이런 질문을 했다. 까칠한 목소리로 말이다.

외국계 회사였던 그곳은, 계약직에서 정규직으로 전환되는 사례가 적었다. 난 이미 정보 수집을 통해 그 사실을 알고 있었지만 모르는 척 물었다. 나의 합격 여부를 쥐고 있는 면접관에게 말이다.

이제 와 고백하면 반사 반응처럼 튀어나온 질문이었다. 내가 왜 그랬는지 지금도 이유를 모르겠다. 추측하건대, 계약직으로 일하며 저장된 어떤 부정적인 경험에 대한 동물적인 반응인 듯하다. 물론 그 경험이 무엇이라 딱 꼬집어 말할 수 없지만, 그랬던 것 같다. 그래서 태연한 표정과 달리 마음은 벼락을 맞은 것처럼 타들어갔다. 왜 그럴 때 있지 않은가. 대화중에 혼자 흥분해서 떠들다가 돌아가는 길에 번뜩, 굳이 하지 말아야 할 말들을 쏟아낸 것 같아 갑자기 무안해지는 기분. 그것과 비슷했다.

하지만 난 태연한 표정을 유지했다. 어차피 이렇게 된 거, 뻔뻔함을 유지해야 될 것 같았다. 면접관은 당황스러운 표정을 짓다가 마른 입술을 정리하기 위해 혀를 살짝 내밀며 이렇게 대답했다.

"노력하면 될 수도 있겠죠. 그건 본인이 어떻게 하느냐에 달린 문제잖아요."

빙고! 역시 그랬다. 뭐든 다 네가 어떻게 하냐에 달린 문제지, 라는 모호한 답변이었다. 차라리

"정규직으로 전환된 사례가 많지 않아요. 그렇다고 없는 건 아닌데. 제가 답변 드릴 수 있는 건, 합격하면 일단 1년만 계약하고요. 상황에 따라 최대 2년까지 가능해요. 그 이후는 제가 답변할 수 없네요."

라고 솔직하게 말하지. 속에 담아두지 말고.

# # #

그날 B는 여러 감정을 보여줬다. 분노하다가, 허탈하게 웃다가, 슬퍼 하다가, 자신을 위로하다가, 결국 다시 분노했다.

나는 끝내 "잘되겠지."란 말을 하지 않았다. 그녀가 혼자 끙끙거리며 누르고 있던 감정들을 최대한 많이 쏟아낼 수 있도록 그냥 가만히 있었 다. 곪아터진 마음도 상처와 비슷하다. 고름을 빼내야 피가 나고, 그 피 가 굳어서 딱지가 앉아야 상처가 사라진다. 물론 쉽게 사라지지 않는 상처도 있다. 나는 그녀가 최대한 많은 고름을 빼내고, 피가 살짝 맺힌 따가운 상태로 돌아가길 바랐다. 그래야 잘 수 있을 테니까.

모든 상황에 해당하지 않지만 때론 "다 잘되겠지."란 말이 아주 무심 하게 들릴 때가 있다. 그럴 때는

"다 잘 안 될 수도 있지! 그럼 어때서? 넌 잘했고, 앞으로 더 잘할 거 잖아." 라는 말이 필요할지도 모르겠다.

B와는 다시 연락이 뜸해졌다. 역시 나이와 취향 차이는 어쩔 수 없는 것 같다. 혹시나 그녀의 이야기가 궁금한 분들을 위해 그 후 이야기를 하자면, 회사는 계약 종료 2주를 남겨두고 1년을 더 연장하자고 했다. 그녀는 계약서에 서명을 했지만, 이미 회사에 오만정이 떨어진 후였다. 그래서 과장을 위한 주말 근무도 안 하고, 부장을 위한 노래방 공연도 안 하고, 대리와의 맛집 탐방도 관뒀다. 대신 퇴근 후 그래픽디자인 학원을 다녔다. 그러다가 하루 아침에 회사를 관두고 작은 디자인 회사의 신입으로 이직했다. 물어보니 원래부터 그림 그리고 낙서하는 걸 좋아했다나?

아무튼 지금은 사업자 등록 후 1인 그래픽디자인 회사를 차렸다. SNS를 보면 일이 끊임없이 들어오는 것 같다.

역시 사람은 기술을 배워야 한다.

월화수목금 AM 6:40

평일 오전 6시 40분.

나는 현관문을 나서고 있거나

무엇을 타고 출근할지 고민한다.

회사로 갈 수 있는 교통수단은

지하철과 버스, 두 가지다.

지하철을 이용할 경우

두 번의 환승과 지옥을 경험하며

내 안의 에너지가 탈탈 털리지만

지각할 일은 없다.

반면 버스를 이용할 경우
환승 없이 지옥 반 천국 반을 경험하며
내 안의 에너지가 조금 증발하지만
가끔 지각하게 된다.

그래서 넘사벽 집값에도
없는 미생들이 회사 근처로 거처를 옮기나보다.

근데
엎어지면 코 닿을 거리에 사는 김 과장은
왜 맨날 지각일까?
있는 놈이 더한다더니
가까운 놈이 더한다.

-
-
-

지금은 회사 근처 전셋집으로 이사했다.

평일 오전 6시 40분.
출근 전 헬스장을 가기 위해 맞춰둔 알람이

5분 간격으로 울린다.

그러나

"ZzZzZzZzZzZzZzZzZzZzZzZzZzZz"

눈 떠보면 8시 30분.

또 지각이다.

제발 오늘은 김 과장보다 일찍 도착하게 해주세요!

월화수목금 PM 6:40

6시지만

책상에서 일어설 수 없다.

도대체 왜 다들 말을 못 할까?

가겠다고! 약속 있다고! 퇴근 시간이라고!

안 되겠다 싶어

그래도 팀원 중에 나이가 있는

내가 용기를 내본다.

"팀장님, 저희 들어가 보겠습니다."

라고 말하려던 입에서 이런 말이 나왔다.

"팀장님, 저녁 식사 안 하세요?"

무게 잡고 나를 올려다보는 팀장의 노트북 화면에는

업무와는 절대 관련 없는 사이트에 접속된 것이 보이지만.

"생각할 게 많네. 본사 차장님이 연락 올 것 같기도 하고.

난 괜찮으니까 먼저들 퇴근해."

난 한 번 더 용기를 내서

가방을 챙겨 일어난다.

사무실을 빠져나가는 나의 등짝에

팀장의 괜찮지 않은 표정이

문신처럼 새겨지는 기분이지만

일단 퇴근을 감행한다.

가끔은 저 말을 하러 갔다가,

괜한 업무를 도맡게 되기도 한다.

그렇지만 이 조용한 사무실에서

'퇴근 선구자'를 자청한다.

평일 오후 6시 40분.

이것이 칼퇴 시간이라니!

믿을 수 없다.

-
-
-

이 글을 쓸 때는 입사 1년 차였고 지금은 3년 차에 접어들었다.

"먼저 들어가 보겠습니다!"

틈을 주면 안 된다.

바로 튄다.

평일 오후 6시 40분.

집에 도착했다.

근데 요즘은

퇴근 후 팀장에게서 전화가 온다.

급한 건이 생겼다고 일하란다.

나만 진화하는 게 아니라

팀장도 진화하는 중이다.

다들 밥 먹고 퇴근하세요. 눈칫밥!

'노동'은 할인되는 품목이 아닙니다

아웃소싱 회사의 남 대리가 면담을 요청했다. 말이 면담이지 재계약을 위한 만남이었다. 남 대리는 영혼 빠진 안부를 묻더니 대답이 끝나기도 전에 A4 한 장에 허술하게 작성된 계약서를 내밀었다. 올해도 연봉 협상이 아닌 연봉 통보였다. 딸랑 1장짜리 계약서지만 꼼꼼하게 살펴보았다. 남 대리는 내 표정을 살피더니 너스레를 떨며 이렇게 말했다.

"본사 부장님이 왜 매년 S팀 연봉을 인상해줘야 하는지 이해할 수 없다고 했어요. (중간 생략) 외주 인력보다 비싼 것 같다고도 했고요. (중간 생략) 그래도 제가 이런 상황에서 하루 씨 연봉을 10%나 인상했어요."

순간 귀를 의심했다. 이것들이 나를 '수포자(수학을 포기한 사람)'로 아는 건가? 아니지. 수포자라도 이건 바로 계산된다. 계약서에는 10% 인상된 금액이 적혀 있지만, 매년 주던 10%의 인센티브 항목이 흔적도 없이 사라졌다. 결국 0% 인상이다. 연.봉.동.결. 그것도 3년이나. 그러나 0%란 숫자보다 나를 더 화나게 만든 건 따로 있었다.

# # #

현재 내 상황을 정리하자면 이렇다.

난 지금 어떤 회사에서 2년 넘게 파견직으로 일하고 있다. 업무는 홍보 관련 콘텐츠를 기획하고 글을 쓰는 것이다. 우리 팀은 처음부터 아웃소싱 소속으로 만들어졌다. 그래서 정규직 직원들과 같은 사무실을 쓰고 있지만, 목에 거는 네임 택이 다르다. 그들은 사원증, 우린 출입증이다. 물론 복리후생과 연봉 기준은 더욱 다르다.

그러나 불만은 없었다. 세상이 다 그런 거지. 그러니 주는 만큼 일하고 받는 만큼 책임지자. 그래서 서로 다른 거 아니겠어? 이게 나의 결론이었다. 물론 이런 마음가짐을 본사 직원에게 티를 낸 적은 없다. 회사란 무대에서 직장인은 배우가 되어야지 않겠는가? 싫어도 좋은 척, 좋으면 더 좋은 척, 하면서 말이다. 이러다 연기대상 수상할 판이다.

나름 직장인이란 역할에 충실하던 내가 처음으로 화를 낸 건 그때였다. 연봉 재협상을 위해 남 대리를 만난 그날 화를 내며 이렇게 따져 물었다.

"그 부장님은, 만약, 회사에서, 왜 매년 (정규직) 원들의 연봉을 인상해줘야 하는지 모르겠다, 라고 한다면 바로 수용하실 수 있대요? 본인도 그게 당연하대요?"

남 대리는 싸해진 내 말투와 표정에 토끼 눈이 되어 입을 닫았다.

차라리 연봉 인상을 못해서 미안하다고 하지. 전하지 않아도 될 본사 부장의 말까지 인용하며, 나의 능력과 노동력의 가치를 싼 가격으로 후려치려는 모습이, 사기꾼보다 더한 악당 같았다. 그제야 남 대리는 회사 예산이 부족하다, 하루 씨 마음이 나도 이해된다, 다음에는 많이 올려드리겠다, 하는 식으로 태도를 바꿨다. 그러면서 재계약 날짜가 많이 늦어져서 본인도 서명을 받은 계약서들을 빠른 시일 안에 회사에 제출해야 한다고 부탁했다. 나는 그 한 장짜리 계약서에 서명하고 자리에서 일어났다.

# # #

"우리가 남인가요? 우린 여러분을 가족처럼! 같은 회사 직원처럼 생각해요. 아시죠?"

남 대리가 말한 본사 부장은 저런 말을 입에 달고 사는 사람이다. 그럴 때면 나는 적당한 호응과 미소로 응대했지만, 왜 저런 쓸데없는 멘트를 할까? 그냥 야근과 주말 근무가 강행되는 업무를 던져서 미안하다고 말하지,라고 생각했었다.

부장의 멘트를 진심이라 믿은 적은 없었지만, 남 대리의 말을 듣고부터 그에 대한 이상한 감정이 생겼다. 경멸이라기엔 좀 과하고, 미움이라기엔 부족한 감정이었다. 그 뒤로 나는 그가 가족이니 뭐니 하는 멘트를 날릴 때면, 피식 웃으며 고개를 돌려버렸다.

물가도 오르고, 집값도 오르는데, 내 월급만 오르지 않는다. 원가가 올라서 불가피하게 물건 값이 올랐다면서, 직원들의 노동 값은 후려치는 일부 회사와 사람들. 본인들의 배부른 상태만 유지하려는 이들이야말로 착한 가격에 지나친 서비스를 요구하는 블랙 컨슈머가 아닐까.

이 글을 쓰고 얼마 후 본사 부장이 회사를 퇴사했다. 자세한 내막을 알 수 없으나 사내 정치에서 낙오됐다나 뭐라나. 회사를 나간 부장은 개인 사업을 준비한다고 했다.
그리고 그 부장은 동료에게 전화해 "일하다가 막히는 부분이 있어 고민하던 중에 가족처럼 지내던 J씨가 생각났다."며 공짜로 일을 부탁했단다. 동료는 그가 안쓰러워 돈을 받지 않고 일을 해줬다고 한다.

계약직 커플, 그들은 결혼할 수 있을까?

한 커플이 있다. 여자는 예쁜데 착하고, 남자는 잘생겼는데 사람까지 좋다. 그들이 연애한다고 했을 때 모두가 진심으로 기뻐했다. 그런데 그들이 결혼하겠다고 했을 때는 모두가 진심으로 걱정했다. 둘 다 어렸고 계약직이었기 때문이다. 오지랖이 중국 땅만큼이나 광활한 지인이 그 얘기를 듣고는 충고랍시고 이렇게 떠들었다.

"너들 진짜 철없다. 아직 자리도 안 잡았는데, 무슨 결혼이니?"

얼마 전까지도 커플은 누군가 저런 식으로 말하면 격하게 반격했다. 그런데 이날은 이상할 정도로 조용했다. 분명 문제가 생긴 게 틀림없었다. 말없이 그들의 표정을 살피던 나는 '쟤들 진짜 결혼할 수 있을까?'

하는 의문이 들었다.

# # #

나는 강원도 속초 출신이다. 직업은 프로듀서다. 중견 기업의 사내 방송국에서 일한다. 사내 방송국에서 일하는 직원의 대부분이 비정규직이다. 계약직이거나, 파견직이거나, 프리랜서다. 나는 계약직으로 입사해서 현재는 파견직으로 일하고 있다. 회사에서 내가 마음에 든다며 2년의 계약이 끝난 후 다시 파견직으로 고용했기 때문이다.

이 회사에서 일한 지 4년. 연봉은 2,800만 원이다. 입사할 때 2,300만 원이었으니까 딱 500만 원 올랐다. 인센티브 없이 세금만 내니까… 계산하지 말자. 내년이면 서른인데 3,000만 원도 안 되는 연봉을 계산해서 뭐하나. 속만 쓰리지.

처음 회사에 입사했을 때는 신림동에 살았다. 대로변에서부터 골목까지 10분 넘게 걸어야 하는 다세대 주택의 작은 원룸이었다. 보증금 500만 원에 관리비가 포함된 월세 40만 원! 서울 하늘 아래, 이 가격으로 구할 수 있는 방이 많지 않았다. 저렴함은 불편함을 동반한다. 이 방도 그랬다. 화장실이 작아서 복도에 있는 공용 세탁기를 이용해야 했다. 그래서 야근이 많은 평일에는 세탁을 할 수 없었다.

그러던 어느 날, 당장 내일 입어야 할 옷이 있어 퇴근 후 세탁기에 빨래를 넣고 돌렸다. 샤워를 한 후 복도에 나가 세탁기를 열었는데 속옷이 사라지고 없었다. 순간 복도에서 마주칠 때면 스산하게 나를 쳐다보던 끝 집 남자가 생각났다. 하지만 심증만 있을 뿐 증거는 없었다. 며칠후, 회식을 마치고 자정쯤 집에 들어갔다. 집 앞에 도착했을 때, 끝 집남자가 복도에서 담배를 피우고 있었다. 남자는 평소보다 더 소름 돋는 눈빛을 하고 있었다. 불길한 예감에 나는 허겁지겁 비밀번호를 눌러 방으로 들어갔다. 잠시 호흡을 가다듬고, 현관문 외시경으로 밖을 살폈다. 그리고 공포스러운 광경을 목격했다. 그 남자가 내 집 현관 도어락을 살펴보고 있었던 것이다. 무서워서 눈물이 쏟아졌다. 그렇게 입을 틀어막고 펑펑 울었다.

그 사건 후에 친구 집에서 신세를 지다가 이사했다. 지하철역과 가까운 대로변의 오피스텔이었다. 보증금 1,000만 원에 월세 70만 원이었다. 월급이 190만~200만 원밖에 안 되는 주제에 분수도 모른다고 할수 있지만, 안전한 곳에서 살고 싶었다. 매달 월세와 관리비로 내는 돈이 85만 원 정도 됐다. 교통비, 식비, 통신비, 경조사비까지 내고 나면 통장에 남는 돈이 없었다. 답답한 마음에 팀장에게 연봉에 대한 불만을 털어놨다. 그러자 팀장은

"야! 내가 네 나이 때는 그 돈도 못 받았어! 하여간 요즘 애들은 왜 그렇게 헝그리 정신이 없는지…."

10년 전이랑 지금이랑 같아? 어휴, 저게 자랑이야? 팀장의 말에 기분만 더 나빠져 입을 닫아버렸다.

사실 요즘 돈과 집에 스트레스를 받는 이유는 결혼 때문이다. 남자친구와 비슷한 기간 동안 사회생활을 했건만, 모아둔 돈은 고작 1,500만 원이다. 그에게 부끄럽고 미안하다. 그런데 아버지는 남자친구가 계약직이라 싫단다. 본인 딸도 계약직인데, 계약직은 안 된다는 것이다. 너무 힘들다. 펑펑 울고 싶다.

# # #

그 남자의 이야기:

나는 서울에서 태어났다. 어렸을 때부터 사진과 책에 관심이 많았다. 순전히 아버지의 영향이었다. 사진관을 운영하던 아버지의 꿈은 시인이었는데, 손님이 없을 때면 나에게 시도 읽어주고 사진도 찍어줬다. 그때가 내 인생에서 가장 행복한 시간이었다.

사춘기가 시작되고부터 아버지와 서먹해졌다. 아버지는 전처럼 시도 읽어주고 사진도 찍어주려 했지만, 내가 거부했다. 친구들과 보내는 시간이 더 편했고 부모님의 관심은 부담되고 귀찮았다. 특히 나를 위해서라며 강요하는 것들에는 반항하기 일쑤였다.

그런데 대학에 입학할 때쯤 아버지가 돌아가셨다. 교통사고였다. 그날 아버지와 마주 앉아 아침 식사를 할 땐 몰랐다. 이것이 아버지와 대화할 수 있는 마지막 기회란걸. 입 밖으로 꺼내지 못했지만 난 사춘기랍시고 아버지를 힘들게 했던 시간을 반성하고 있었다. 그때가 내 인생에서 가장 불행한 시간이었다.

어머니의 등쌀에 떠밀려 들어간 경영학과는 도무지 흥미가 생기지 않는 전공이었다. 결국 군대를 다녀와 자퇴 후 사진학과에 다시 입학했다. 모든 게 흥미로웠다. 학교생활도 잘 적응했고, 공모전에서 상도 받았다. 내 옆에 아버지가 없다는 것 빼고는 만족스러운 시간이었다.

졸업이 다가오자 동기들은 취업하거나, 유학을 가거나, 스튜디오를 열었다. 나는 친한 선배와 사업을 구상했다. 우리의 아이템은 셀프 웨딩 촬영이었다. 스튜디오 촬영이 부담되는 커플들에게 1시간 단위로 촬영비만 받고 사진을 찍어줬다. 장소와 콘셉트는 커플이 직접 정했고, 우린 촬영한 사진 원본만 넘겼다. 그러나 단순하고 저렴한 것으로는 부족했다. 늘어나는 업체들과 경쟁하기 위해서는 이벤트와 서비스가 필요했다. 몇 장의 사진은 무료로 보정해주고, 블로그 게시물을 공유하면 할인해주고, 촬영 후기를 남겨주면 선물을 주는 식이었다. 결국, 배보다 배꼽이 더 큰 상황이 되어버렸다. 선배와 나는 2년 만에 사업을 접었다.

그러나 운이 좋았다. 얼마 지나지 않아 공기업 홍보실에 바로 취업했기 때문이다. 계약직이었지만 연봉 3,400만 원이면 괜찮은 조건이었다. 월급은 어머니께 맡겼고, 나는 한 달 용돈으로 30만 원을 받아서 썼다. 집과 회사가 가깝고 구내식당도 잘 갖춰져 있어서인지 용돈이 부족하진 않았다.

입사한 지 1년 6개월이 지났을 때 어머니가 내게 통장을 내밀었다. 그 안에는 7,000만 원이 있었다. 내가 사업할 때 드렸던 돈과 월급을 차곡차곡 모은 돈이었다. 어머니는 그 돈으로 장가를 가라고 했다. 나는 '내 나이 고작 서른한 살'인데 무슨 결혼이냐고 웃었다. 그러자 어머니는

"가족이라고는 우리 둘뿐이잖니. 나는 상관없는데, 너한테는 가족이 한 명 더 있었으면 좋겠어. 나도 네 아버지가 있을 때는 참 든든했거든."

만약 여자친구와 결혼하면 어떨까? 모든 날이 꽃길이 될 순 없겠지만, 모든 길에 그녀가 있다면 큰 힘이 될 것 같았다. 그녀의 모든 날을 든든하게 지켜주고 싶었다. 선배들은 "결혼해봐라, 그게 되나?" 하며 비웃겠지만, 이해받으려는 마음보다 이해하려는 마음을 키우면 불가능한 일도 아니란 생각이 들었다. 다행히 여자친구도 나와 같은 마음이었다. 그렇게 우린 결혼하기로 했다.

문제는 결혼 준비였다. 서로의 마음을 이해한다고 덜컥 전셋집이 생기는 게 아니었다. 여자친구는 신혼집이 아파트가 아니어도, 신축이 아니어도, 집이 크지 않더라도, 다 상관없다고 했다. 다만 대로변에 있고, 건물 안에 CCTV 같은 보안시설이 갖춰져 있으면 좋겠다고 했다. 하지만 부동산에서는 7,000만 원에 그런 집을 구할 수 없다고 했다.

또 다른 문제는 회사였다. 한 달 전까지만 해도 무기 계약직으로 해주겠다더니, 이제 와서 힘들 것 같다는 것이다. 이럴 거면 결혼 전에 말해주지. 하필 지금 이 시기에…. 그렇지 않아도 그녀의 아버지가 나를 내켜하지 않는 눈치던데….

요즘 너무 힘들다. 아버지가 보고 싶다.

그들은 결혼할 수 있을까?

결론부터 말하자면 두 사람은 결혼했다.

여자를 위해 남자가 나섰다.

그는 그녀의 아버지가 좋아하는 장어와 소주를 들고 속초에 갔다. 그리고 솔직하게 말했다. 지금 계약직이고 조만간 계약이 끝날 예정이라고. 그의 말에 예비 장인은 정색했다. 딸이 고생할 게 눈에 훤하다며 소주를 들이켰다. 이쯤 되면 드라마에서는 "손에 물 한 방울 묻히지 않도록 하겠다."며 무릎을 꿇는다. 그러나 남자는 무릎을 꿇는 대신 예비 장인의 잔에 술을 채우며 "부족하지만 잘해보겠습니다."라고 말했다.

그 후에도 속초를 몇 번 더 찾아갔다. 처음에는 왜 자꾸 오느냐고 타박하던 예비 장인은 어느 날인가 머쓱한 표정으로 이렇게 말했다.

"자네는 서울 깍쟁이들 같지 않구만…."

그러면서 처음으로 먼저 남자의 잔에 술을 따라줬다.

남자를 위해 여자도 나섰다.

남자보다 적극적으로 신혼집을 찾아 나섰다. 그러나 7,000만 원으로 대로변에 있는 빌라를 구하기란 쉽지 않았다. 어떤 부동산 사장은 반전세를 권하기도 했다. 그러나 월세를 내며 5년간의 자취 생활을 해본 결과, 이런 식으로는 돈을 모을 수 없다고 판단했다. 그래서 서울을 포기하기로 했다.

남자친구는 곧 계약이 끝날 것이고 여자의 회사는 강남 중심지에 있기 때문에, 강남 근방이 아닌 이상 30분 이상 걸리기 마련이었다. 그래서 여자는 광역버스가 많이 다니는 경기도 지역으로 눈을 돌렸다. 선택권이 훨씬 넓어졌다. 고민 끝에 지은 지 6년이 넘은 빌라를 선택했다. 주인이 지방에 있지만, 건물 청소 아주머니가 고용되어 있어 관리가 잘

되어 있었다.

　이제 그들이 결혼한 지도 1년이 다 되어간다.

　남자는 계약이 종료되기 전에 운이 좋게 대학교 홍보실에 합격했다.
월급은 줄었지만 정규직이었다. 여자는 아직 회사의 사내방송 팀에서
파견직으로 일하고 있는데, 조만간 이직을 준비할 예정이라고 한다.

　그들은 말했다.
　역시 결혼생활에 꽃길만 있는 건 아니라고.
　그러나 함께라서 더 용감해지는 것 같다고.

연봉이 얼만데?

M과 난 모임이 아니면 볼 일 없는 관계다. 그래서 개인적으로 연락할 때면 늘 목적이 있었다. 우린 그렇게 멀고도 먼 사이라서 나는 결혼식에도 그녀를 초대하지 않았다. 청첩장을 보내면 서로에게 부담이 될 것 같았다.

# # #

M이 2년 만에 내게 전화해선 불쑥 "지금은 뭐해?" 하고 물었다. 잠시 생각했다. 난 지금 전화통화 중인데 뭐하냐고 묻는 건 어떤 의미일까. 바보 같은 생각인 거 알지만 그냥 그런 생각이 들었다. 질문의 의도를

파악하고는 "회사 다니지 뭐."라고 얼버무렸다. "어디?" "정규직이야?" 그녀는 스피드 퀴즈 같이 질문을 쏟아냈다. 그러다 "연봉이 얼만데?"라고 물었다. 잠시 멍해졌다.

"그냥, 뭐, 별로 못 받아. 하하하…."

이런 게 헛웃음일까. 분명 표정은 굳어졌는데 입에서는 웃음소리가 흘러나왔다. 그녀는 나의 시큰둥한 대답을 듣고는 함께 어울리던 사람들의 근황을 전했다. A오빠는 지금 ○○ 회사로 이직했대, B는 그때 그 작은 회사에서 잘린 것 같아. 본인은 아니라는데 딱 보면 알지, C 언니는 요즘 프리랜서로 일하는데 돈 진짜 잘 버는 것 같아. 나는 "아, 어, 그렇구나."하며 수다 사이의 적막을 채워줄 뿐이었다. 그러다가 M은 본인의 소식을 전했다. 아마 이것이 그녀의 본론일 터다.

"나 K회사로 옮겼어."

연봉이 높기로 유명한 회사였다. 약간 이상한 상황 같다는 생각이 들었지만 일단 축하해줬다. 그토록 입사하고 싶어 했던 회사였으니까. 그녀는 회사 이직 스토리를 15분간 들려줬다. 경청하지 않아 기억나지 않지만 마지막은 이랬다.

"연봉도 많이 올랐어."

순간 나도 "연봉이 얼만데?"라고 물을 뻔했다. 하지만 꾹 참고 "참 잘됐다."며 다시 축하를 해줬다. 그때부터 이어지는 이야기는 이랬다. 앞으로 본인이 이 회사를 쭉 다니면 최고 얼마까지는 연봉을 받을 수 있다, 그래서 훨씬 더 바빠질 것이다, 나는 결혼보다는 일이 좋은 것 같다, 그냥 이렇게 벌어서 나 혼자 사는 게 현명하다고 생각한다. M은 본인의 생각과 미래의 계획을 20분쯤 더 쏟아낸 뒤 갑자기 나를 걱정하기 시작했다.

"너도 얼른 좋은 회사에 정규직으로 들어가. 물론 기혼자라 쉽지 않겠지만 그래도 연봉 제대로 받고 일해야지. 계속 그렇게 일하면 불안하잖아. 아니다! 차라리 C언니처럼 좀 큰 회사 일을 받아서 프리랜서로 일하던가!"

"그래, 그래. 이직한 회사 업무는 어때? 재밌어?"

"야! 일이 재밌어서 하냐? 내가 하는 일이 진짜 얼마나 힘들고 어렵고 재미없는데…. (중간 생략) 다 먹고 살려고 하는 거지. 이 돈 받기 쉽니? 이렇게 받아도 빠듯한데 다른 사람들은 어찌 사는 건지."

그렇게 한 시간이 흘렀다. 일방적인 이야기를 듣다 보니 지루하다 못해 조금 지쳐버렸다. M도 눈치는 있던 건지 "조만간 만나서 밥 한번 먹자."라는 말로 통화를 끝냈다.

# # #

어렸을 때 '돈'에 대해 이야기하면 엄마는 나를 혼냈다. 어린것이 돈을 밝힌다는 것이 이유였다. 그런데 커가면서 만나는 세상은 참 웃겼다. 돈을 천박하게 보면서 돈을 가진 사람을 부러워하고, 돈을 갖기 위해 애쓰고, 돈이 없다고 울었다. 어른이 되고 나니 우리는 '돈'으로 냉정하게 평가되어 갔다. 직장인의 경우는 '연봉'이 평가의 조건이었다.

나는 삶에서 '돈'은 필수적으로 충족돼야 할 부분이라 믿는다. 그래서 좋아하는 일을 하라고, 진정성을 가지라고, 남들과 자신을 비교하지 말라고, 이런 말들을 경청하면서도 가끔 돈이나 연봉이 확인시켜주는 '숫자의 차이'에 위축된다. 그러나 믿는다. 일의 목적은 돈이 전부가 아니라고.

사회생활을 10년 가까이 하고도 아직 세상을 너무 순진하게 바라보는 건지 모르겠다. 가끔 위축되는 상황 속에서도 일의 목적이 돈, 소속, 지위에 있다고 믿지 않는다. 만약 그것만으로 일에 집중해 결국 저것들을 손에 넣었다고 상상해보자. 정말 기쁠 것이다. 아주 으쓱할 것이다. 그런데 이런 목적의 기쁨은 자신보다 타인의 시선으로 더 극대화된다. 나는 이것이 약간 위험하게 느껴진다. 이런 사람에게 인생의 실패와 패배는 소득을 잃고 지위와 직장을 잃는 것일 테니까. 회사로 나를 포장할 수 있는 시간이 자꾸만 짧아진다. 인생을 살아야 할 시간은 자꾸만 길어지는데 말이다.

나는 일의 목적이란 '내가 누구인가?'에서 시작된다고 믿는다. 그리고 일을 선택하는 데 '당신이 좋아하는 일인가? 좋아하지 않는 일인가?'가 우선순위에 있어야 한다고 본다. 나를 제대로 알지 못하면서, 단순히 사회의 어느 위치에 도달하고 싶다는 목적과 돈만으로 일하다 보면, 결국 삶의 목적지를 잃게 될 것이다.

성공하고 행복하기 위해 일할 것인지
일을 하므로 행복하고 성공할 것인지

어느 것이 더 나답게 살아갈 수 있게 해줄까? 일의 목적은 이렇게 시작되는 것이 아닐까?

이 글을 쓰다 보니 '그래서 정규직이야?'라는 이야기 속의 지인이 생각났다. 분명 M과 나는 서로에게 뒤틀린 감정이 있었다. 나에게는 자격지심과 질투심이 있었고, 그녀에게는 나를 밟고 자신의 행복을 확인하고 싶어 하는 못난 심보가 있었다. 쓰고 보니 둘 다 어리석었네. 쯧쯧.

뭐랄까, 새로움이 빠진 느낌?

나의 노화 과정에 대한 지적 중 특히 내 마음을 송곳으로 찌르는 말이 있다. 바로 "진부해졌네."라는 말이다. 콘텐츠 기획을 하려면 감각이 있어야 한다. 세상에 없던 것을 만들어내는 창의성까지는 아니라도 진부한 걸 진부하지 않게 만드는 창의성은 분명 필요하다. 그러나 창의성만큼 팩트 체크가 어려운 분야도 없는 것 같다.

기획안을 작성하거나 글을 써서 회의에 들어갈 때면 긴장된다. 대부분의 의견이 괜찮다, 좋다, 잘 모르겠다, 하는 식이다. 그 답에 대한 모두가 납득할 만한 이유를 듣는 것도 어렵다. 대부분 개인적인 취향으로 좌지우지된다. 애매모호하다.

2주 전에도 애매모호한 상황이 있었다. 회의에서 기획안을 살펴보던 전략팀 2년 차 직원 나몰라(가명) 씨가 삐딱하게 앉아 턱을 괴고 이런 말을 던졌다.

"뭐랄까요? 새로움이 빠진 느낌? 설명은 못 하겠는데, 왜 그런 느낌 있잖아요? 아시죠?"

열심히 메모하는 척하던 나는 번쩍 고개를 들었다. 개인의 취향은 이해하지만 저런 무책임한 답변은 뭘까. 결과는 소비자에게 전달되어야 알 수 있다. 공감하는 사람과 좋다는 사람이 많으면 잘한 것이다. 반면, 아무런 반응이 없으면 못한 일이 된다. 대부분의 회사들이 그렇지만, 이 회사는 작은 프로젝트에도 불필요할 정도로 많은 사람이 모인다. 결국 책임은 담당자의 몫인데, 어떤 날은 절대 책임지지 않을 사람을 열 명이나 모아둔다. 그렇다고 모두의 의견과 느낌을 수용하진 않지만, 기획을 수정하는 과정은 늘 어렵다. 특히나 직급이 높은 분들이 서로 다른 의견을 전달하면 난감해진다. 그들의 의견을 적절하게 녹여서 기획안을 수정해야 하니까.

그날 나몰라 씨의 말은 좀 황당했다. 아직 사원인 그가 부장으로 빙의되어 저런 말을 하는 건 무례한 일이었다. 게다가 그런 태도가 처음도 아니었다.

"이게 무슨 예술작품도 아니고 설명 못할 의견을 왜 말하니? 그리고 알긴 뭘 알아? 너도 모르는 걸 내가 무슨 수로 알아? 그거 알면 내가 벌써 점집 차렸지. 새로움이 빠져? 이런 나사 빠진 어린놈이. 누나가 파견직이라고 누나로 안 보이냐? 이걸 확!"

하고 말하면 잘릴 것 같아서

"다른 분들도 의견 주세요."

라고 말했다. 입은 웃고 있는데 눈은 웃지 않는 표정으로.

그때 옆자리에 있던 전략팀 과장이 제안을 했다. 최근에 이슈가 되고 있는 키워드가 있는데 콘텐츠에 활용하면 신선해질 것 같다고. 과장이 제안한 키워드는 3년 전부터 여기저기 닳고 닳게 등장해서 진부하다 못해 지지리 궁상맞은 것이었다. 그래도 고마웠다. 최소한 생각은 하고 말해주니까.

그때였다. 갑자기 나몰라 씨가 손가락으로 '딱' 소리를 내며 정적을 만들었다. 그러면서 흥분을 감출 수 없다는 목소리로 말했다.

"과장님! 딱 그거 같아요. 제가 찾던 느낌이!"

그날 사무실로 돌아와 전략팀 과장이 제안한 키워드를 넣어 기획안을 수정했다. 그리고 담당자들에게 메일을 보냈다. 그러자 답변이 왔다. 나몰라 씨였다.

"전략팀의 나몰라입니다.

부장님께서 기획안을 보시고는 스토리 키워드가 진부하다고 하시네요.

제 생각에는 회의 때 보여주신 기획안에 새로운 내용을 추가해서 보내주시는 게 좋을 것 같아요. 회의 때 제가 냈던 의견 반영하여 수정 부탁합니다."

의견? 설명 못하겠다던 그 의견? 그거 말하는 건가?

　매번 회의는 긴장되고 사람들의 반응에 조바심이 나지만 결론은 늘 이렇게 싱겁다. 어쩌면 전투력 없이 그대로 수용하는 나의 회사생활이 창의력을 노화시키는 건지도 모르겠다. 그러나 공부는 학교가 아닌 학원에서 하는 아이들처럼, 새로움이 필요한 회사원의 창의력 안티 에이징은 퇴근을 해야만 시작되는 것 같다.

　요즘 퇴근을 제대로 못 해서 급격하게 늙어가는 중이다. 막상 이렇게 되고 보니 창의력보다 피부와 몸무게가 걱정된다. 나도 어쩔 수 없는 여자인가 보다.

계약직으로 돌아온 상사

"나중에 두고 보자."

이런 말을 쉽게 뱉는 사람 중 진짜 나중까지 두고 보는 사람을 본 적이 없었다. 그렇다고 "나는 저런 유치한 말 안 해."라고도 못 하겠다. 셀수 없이 해봤으니까. 친구, 연인, 상사에게 등등.

'두고 보자'는 말을 액면 그대로 받아들이는 사람은 없다. 뭐랄까. 나 정말 화났다, 지금 넌 잘못된 행동을 하는 거다, 정도의 경고 메시지 또는 불쾌감의 표현 정도로 느껴지니까. 영화나 드라마에서는 복수를 예고하는 중요한 대사던데, 현실에선 그다지 강렬하게 느껴지지 않는다. 아니, 느껴지지 않았다. 5년 전 함께 일했던 선배의 전화를 받기 전까지는 말이다.

선배는 예뻤다. 키가 작아서 눈에 확 들어오는 스타일은 아니지만, 얼굴을 봤다면 한 번쯤 고개를 돌리게 만드는 외모였다. 요즘은 예쁜 사람이 성격도 좋다던데, 그때 그 선배가 그랬다. 까칠하고 숫기 없는 나와는 달리 금세 회사 사람들과 친해졌다. 그런 그녀가 처음에는 눈엣가시처럼 느껴졌었다. 그러나 같이 대화하고 일하면서 나도 그녀의 매력에 빠지고 말았다.

당시 우리는 A기업에서 진행되는 6개월 프로젝트에 참여하는 프리랜서였다. 그때 프리랜서를 딱 2명 뽑았는데 그게 선배와 나였다. 경력으로 따지면 그녀가 나보다 4년이 더 많았다. 그래서 난 이름 대신 그녀를 '선배'라고 불렀다.

선배와 나는 비슷한 듯 다른 업무를 해서 각자의 업무를 체크하는 담당자가 달랐다. 나와 함께 일했던 대리는 아재 개그를 좋아하는 능글맞은 노총각으로, 예의 바르고 괜찮은 사람이었다. 문제는, 선배의 업무를 진행하던 과장이었다. 나와 함께 일하는 대리와 동기였지만, 먼저 진급한 사람이었다.

그 과장이란 사람은 불쾌하고 불편했다. 첫 프로젝트 관련 회의에서 그는 우리 두 사람에게 진행되는 내용을 쭉 설명하고는 마지막에 이렇게 말했다.

"앞으로 두 언니가 이것과 관련된 콘텐츠를 구성하면 돼요."

뭐? 언니? 설마 지금 우리 보고 언니라고 한 건가? 놀라서 눈을 치켜

뜨고 보니 과장이 히죽히죽 웃으며 말을 이었다.

"딱히 어떻게 불러야 할지 잘 모르겠네요?"

첫 직장 외에는 프리랜서와 계약직으로 일해왔지만 이런 경우는 처음이었다. 그래서 강하게 항의하려던 찰나 선배가 먼저 입을 열었다.

"직급이 없는 거지, 이름이 없는 건 아니잖아요?"

그 후 나는 노총각 대리와 일하면서 그 재수 없는 과장과는 마주칠 일이 없었다. 그런데 선배는 매일 그 과장과 함께 일하고 대화하면서 힘들어했다. 나름 업무 전문가 입장에서 의견을 내며 "뭘 모르네요?" 하는 무식함, 그러다가 임원들이 선배가 낸 의견을 마음에 들어 하면 "봐요! 내가 맞죠?" 하는 뻔뻔함, 게다가 회식에서 술을 안 마시면 "요즘은 예쁜 사람들이 내숭 없고 시원시원하던데. 너무 고전 스타일이라 같이 일하기 힘들겠네." 하는 치졸함까지. 프로젝트가 끝나가던 때에는

"프로젝트 하나 더 있는데, 내가 계약 연장해줄까?"

라는 망언까지 날렸다.

우린 그때 한 프로젝트만 끝내고 그 회사를 그만뒀다. 마지막 날 성격 좋고 예뻤던 그 선배는 한 번도 보여준 적 없는 표정으로 욕설을 담아 저주를 퍼부었다.

"멍멍이 같은 놈. 나중에 두고 보자."

# # #

그 뒤로 우린 각자 다른 곳에서 일하며 가끔 연락하며 지냈다.

네 이름은 '김 과장'이고 내 이름은 '언니'니?

그러다 선배는 첫 직장이었던 중견 기업에 다시 입사했다. 친하게 지내던 상사가 선배에게 재입사를 제안한 것이다. 선배는 다시 정규직으로, 과장으로, 그 회사에 터를 잡았다. 그리고 1년이 지났을 때 선배에게 연락이 왔다.

"하루야! 하루야! 대박!"

"선배, 무슨 일 있어요?"

"A회사 멍멍이 과장 기억나지? 그 인간, 우리 회사 들어왔다! 계약직으로!"

이때 생각나는 단어는 이것뿐이었다.

"헐!"

어떤 이유인지 정확히 알 순 없지만 그 과장은 A회사를 퇴사했단다. 그 후 계속 이직을 준비하다가 선배네 회사에서 공고를 낸 계약직에 지원했단다. 물론 그는 선배가 입사할 회사의 과장이자 자신의 상사가 될 거란 사실을 모르고 있다고 했다.

"아저씨, 앞으로 잘 부탁해요. 이러면 유치하니?"

선배는 그때의 앙금이 아직도 풀리지 않는다며 저런 농담을 했다. 농담인지 진담인지 정확히는 알 수 없지만 말이다.

굉장히 불평등한 세상에 사는 것 같으면서도, 때로는 '영원한 승자와 패자가 없다'는 말을 실감하며 살아간다.

그나저나 그 과장과 선배는 잘 지내고 있을까? 중요한 일이 있어서 선배의 결혼식에 참석하지 못했는데, 그 이후로 어색해져서 연락을 못 해봤다.

Episode 2.

B정규직이
머물던
오피스

가족 같은 회사

2015년 12월 31일.

특별한 날인 만큼 남편과 5성급 호텔 스위트룸에 갔다. 테이블 위에는 VIP 고객을 위한 '웰컴 디저트'가 놓여 있다. 죽기 전에 맛봐야 한다는 치즈 타르트와 한국 최초의 소믈리에가 추천하는 프랑스 와인이다. 11시 55분쯤 남편과 나는 와인 잔을 들고 야경이 보이는 창가에 앉았다. 하늘 위로 터지는 화려한 폭죽들이 유리를 통과해 눈동자에 비췄다. 5! 4! 3! 2! 1! 2016년 1월 1일은 그렇게 왔다.

"Happy new year!"

우린 서로를 지그시 바라보며 건배를 한다, 라면 좋겠지만 언감생심!

현실은 스위트룸이 아닌 20년산 복도식 아파트의 우리 집 거실이다. 31일까지 야근하고 돌아온 남편과 거실에 앉아 마트에서 떨이로 사온 피자와 맥주를 마시며 불법 다운로드한 영화를 보다가 싸웠다. 결국 방에 들어가서도 서로 등을 돌리고 눈을 감았다. 2016년 1월 1일은 그렇게 왔다. 이런 Unhappy new year 같으니라고! 너무 화가 나서 나만큼 최악의 새해를 맞이한 사람이 또 있을까? 했는데, 있더라. 있어.

# # #

2016년 1월 1일, 오전 9시.

드르륵드르륵. 베개 밑에 넣어둔 휴대폰이 미친 듯이 부들거렸다. 인간관계가 좁아서 새해 인사를 쏟아지게 받을 수 있는 것도 아닌데 뭘까? 윙크하듯 실눈을 뜨고 메시지를 확인했다. 계속된 진동의 근원지는 동문들이 모여 있는 단체 카톡방이었다. 메시지를 확인하니 한 장의 사진이 보였다. 산 정상에서 찍은 단체 사진이었는데 그 아래에 이런 메시지가 있었다.

"2015년 12월 31일부터 2016년 1월 1일 지금까지
회사 워크숍 중입니다. 최악이네요."

동문의 사진과 메시지 밑으로 사람들의 비난이 폭주했다. 대부분 "진짜 해도 해도 너무하네!"라는 식의 말들이었다.

눈이 번쩍 떠졌다. 회사와 함께 새해를 맞이한다? 직원들이 동의를 구한 행사로 느껴지지는 않았다. 갈수록 거친 비난과 악플이 이어졌다. 어떤 사람은 "내가 그 회사 노동청에 신고해줄게."라는 말까지 했다. 그

러자 사진을 올린 동문은 격한 반응들에 무슨 일이 생길 것만 같았는지 "그래도 이번에 파격적인 보너스를 받았어요….."라며 사태를 진정시키려고 했다. 그러자 노동청에 신고하겠다던 동문은 "그럼 뭐, 버텨야지." 하는 식으로 김이 빠진 듯했고, 다들 관심이 사라졌는지 대답이 없었다.

다시 사진을 봤다. 100명쯤 되는 직원들의 표정은 환한 건지 화난 건지 알 수 없이 묘했다. 그리고 그들 위로 펼쳐진 현수막에는 'TT사 패밀리 신년 등반행사'라고 문구가 보였다. 패밀리? 가족? 리얼? 회사와?

# # #

회사는 직원의 여가를 빼앗을 때 주로 '가족'이란 말을 앞세운다. 그 형태는 주말에 열리는 워크숍, 체육대회, 산행, 봉사활동 등 셀 수도 없다. 매번 이런 행사를 통보받을 때마다 침울해진다. 부모님도 간섭하지 않는 나의 주말을 회사는 왜 맨날 가족이란 이름으로 침범할까? 진짜 가족이면 짜증이라도 부리지.

한국의 직장인은 책상에 참 오래도 앉아 있다. 언론에 주구장창 나오는 'OECD 국가 통계'를 보지 않아도 된다. 겨울에는 어두울 때 출근해서 어두울 때 퇴근하느라 해를 품은 낮을 못 보는 직장인이 어디 한둘인가? 그래서 요즘 직장인은 자외선을 받아야 생기는 비타민D가 부족하단다. 아, 한국이 비티민D 부족 국가 1위라던데 그건 알고 계신지. 주워들었는데 그렇단다.

사무실에 죽치고 있는 시간이 길어지면 직장 동료와 가까워지기도 한다. 그러나 근무시간이 길어질수록 회사와는 더 멀어진다. 그런데 회

'워라밸'의 적이죠. 가족이란 헛소리.

사는 자꾸만 가족이란 이름으로 끝없는 이해심을 강요한다. 수당은 없지만 가족처럼 바라는 것 없이 야근해라, 월급이 좀 밀릴 수 있지만 우리 사이에 조금만 기다려 달라, 주말이라 다른 약속이 있을 수도 있지만 회사 행사가 우선이다, 뭐 이런 식이다. 그래서 채용공고에 이런 문구를 쓰는 회사를 조심해야 한다.

'가족 같은 분위기의 회사'

'가족처럼 일하실 분'

가족 같은 분위기에서 가족처럼 일해주면 뭐하나? 회사가 힘들어지면 남보다 못한 사이가 될 텐데. 믿음이 크면 배신감도 큰 법이니까.

9시에 출근해서 6시에 퇴근하는 것. 상사의 업무가 남아 있더라도 먼저 일을 끝낸 부하직원이 일어설 수 있는 것. 퇴근하면 각자가 원하는 삶을 만들 수 있는 것. 회사의 충성도가 아닌 개인의 성과를 정확히 평가받는 것. 종이에 써진 대로 그냥 그대로 관계가 이뤄진다면, 직원은 진짜 희생정신을 발휘해 자신의 업무에 열정을 품을 수 있지 않을까? 멀리 봤을 때 이것이 회사에 더 이득이지 않을까?

> 혹시라도 이 책의 독자 중에 인사팀이나 홍보팀에서 직원에게 보내는 단체 메시지를 작성하는 분이 있다면 부탁하고 싶다.
> 제발 '임직원 가족 여러분'이란 말은 쓰지 말자. 그냥 '임직원 여러분' 또는 '임직원분'이라고 쓰자.
> 나도 상사나 임원이 지시하면 저렇게 쓰긴 하는데, 절대 내가 먼저 쓰진 않는다. 우리가 먼저 쓰지는 말자.

회의에 회의가 들다

"의견 없어요?"

또 시작이다. 또 시작이야.

"안 되겠군요. 그럼 시계 방향으로 한 사람씩 말해봐요."

이 부장의 고정 멘트다. 일단 회의가 시작되면 우리가 왜 모였는지에 대해 쭉 설명한다. 아주 비장하다. 외국계 기업이지만 분위기는 토종 기업보다 더 보수적이다. 그래놓고 늘 '자유로운 상상력을 발휘하라'며 '우린 지금 세계 시장을 무대로 일하는 것'을 강조한다. 부장님의 부드럽고 단호한 말투. 이 사람은 다른 직장 상사들과 다를지도 모르겠다. 부장님은 세계를 놀라게 할 큰일을 해낼지도…. 잠깐 이런 생각도 했었다. 지금은 그저 그의 언변과 연기력에 건조한 박수를 보낸다. 어쨌든 저런 액션이 초고속 승진을 만들었을 테니.

왜 지금 이 회의를 해야 하는지에 대한 이야기가 10~20분 동안 진행된 후 본론으로 들어가자고 한다. 그리고 급하다며 2주 전에 마감시킨 A프로젝트의 기획안을 꺼내 든다. 처음 당하는 사람은 당혹스럽다. 그때는 분명 임원들에게 보고해야 한다며 1~2일 동안 사람을 쥐어짜던 업무였다. 그래서 쓰디쓴 커피 7잔을 마시며 새벽까지 치열하게 작성했던 기획안. 아무런 피드백이 없어 '아웃됐구나.' 실망하고 나도 머릿속에서 아웃시켰는데, 뜬금없이 꺼내 든다. 다들 잠시 동공에 지진이 났지만 평정심을 유지한다. 그리고 각 기획안의 주인들이 시계 방향으로 발표를 이어간다.

"아~주 좋아요. 마음에 들어요!"

구체적인 피드백은 없다. 한 시간 동안 사람들의 발표와 부장의 내용 없는 코멘트가 이어졌다.

"모두들 참 감사해요. 내가 생각지도 못했던 좋은 의견들, 고맙습니다."

저 따뜻함에 속으면 안 된다. 곧 사람의 오장육부를 뒤집는 말들이 이어질 테니까.

"요즘 부사장님과 이사장님이 B프로젝트에 관심을 집중하고 계세요. B프로젝트에서도 여러분의 이런 능력이 여지없이 발휘됐으면 좋겠어요. B프로젝트를 성공시키기 위해 우리의 크리에이티브한 생각들을 모아봅시다!"

한 시간 동안 A프로젝트에 대해 떠들던 사람들은 꿀 먹은 벙어리가 된다. 간혹 '이것이 기회다'라며 크리에이티브하게 접근하는 사람들도 있다. 그러나 우리가 지금부터 해야 할 일은 아이디어를 내놓는 것이 아니다. 이 부장이 어떤 생각을 가지고 있는지 관찰하는 것이다. 괜히 자신이 가진 크리에이티브를 꺼냈다가, 크레이지가 될 수 있다.

결국 회의는 시계 방향으로 각자의 의견을 듣고 난 뒤 더 좋은 의견을 기다린다며, 내일까지 각자 B프로젝트에 대한 기획안을 제출하라는 것으로 끝난다.

회의실에서 나온 나는 카페인을 찾아 카페 또는 편의점을 간다. 이미 먼저 도착한 동료들이 보인다. 서로 눈빛으로 같은 감정임을 확인하지만, 회사 안과 근처에서는 입조심해야 한다. 그렇게 커피를 들고 책상으로 돌아오면 메일이 도착해 있다. 부장을 아버지처럼 모시는 김 팀장이다.

"2시부터 B프로젝트에 대한 회의 진행합니다. 모두 아이디어를 고민해서 오도록 하세요."

가끔, 회의에 회의가 든다.

얼마 전 새로운 부장이 왔다. 그가 온 뒤로 회의 분위기는 더 썰렁해졌다. 의견을 말하라고 해도 모두 입을 닫아버린다. 왜냐면 뭐 하나 본인 마음에 들면 "내일 아침까지 결과물 만들어서 가져와!" 라고 지시하기 때문이다. 회의 시간이 오전 9시건 오후 6시건 무조건 내일 아침까지다.
도대체 '똥차 가면 벤츠 온다'고 말한 사람 누구냐! 싸우자! 그래서 요즘은 말 못하는 바보 캐릭터를 자처하는 중이다. 어차피 인사 개편 때 부장은 또 바뀌겠지? 그때까지만 참자.

너에겐 '의리' 나에겐 '괴리'

오후 6시. 행복하면서 불안해지는 시간이다.

가방을 메고 자리에서 일어섰다. 사무실 안은 음소거를 한 듯 숨 막히게 조용하다. 내 자리와 정면으로 마주한 팀장은 시야에 내가 일어선 게 들어왔을 텐데, 못 본 척 시치미다. 이런 달갑지 않은 상황이 싫지만 선택권이 딱 두 가지뿐이란 사실은 더 싫다.

첫 번째 선택. 다시 조용히 자리에 앉아 컴퓨터를 켜고 진작에 끝난 기획안을 화면에 띄어둔 후 인터넷 뉴스를 탐독하다가 지루하면 온라인 쇼핑몰에 놀러 간다. 물론 팀장의 동태를 면밀하게 살피면서. 틈틈이.

두 번째 선택. 목소리를 최대한 낮게 깔고 주위를 살피며 이렇게 말한다.

"오늘 중요한 약속이 있어서요. 먼저 들어가 보겠습니다."

그리고는 최대한 어깨를 움츠린 후 신발 안 엄지발가락에 온몸의 에너지를 담아 살금살금 문을 향해 걸어간다. 물론 걸어가면서도 180도 회전은 필수다. 동료들에게 미안함을 담아 고개를 까딱거려주는 그림도 필요하니까. 그렇게 어렵사리 다다른 출입문. 이제 곧 광활한 세상을 향해 자유를 만끽하겠구나 싶은데, 그때까지도 '본 척 만 척 스킬'로 나의 내면 어딘가에 있을 '미안함'을 공격하던 팀장이 최후의 한 방을 날린다.

"하루 씨는 사람이 의리가 없는 것 같아."

오래전 다녔던 회사에서 빈번하게 있었던 일이다. 일과 개인의 삶을 분리하고 싶었던 내게 팀장은 툭하면 '의리'를 운운하며 나를 비난했다. 얼마나 강렬하게 자주 퍼부었으면 아직도 그가 내뱉던 '의리'란 단어의 발음이 뇌리 속에 사운드 파일로 저장되어 있다.

처음 저 말을 듣고 난 후에는 일이 없어도 억지로 야근을 하려고 노력했다. 대부분의 직원들이 나처럼 일이 끝나도 몇몇 사람들의 업무가 끝날 때까지 또는 팀장이 사무실을 떠나기 전까지 멍 때리고 앉아 분과 초를 나누며 야근을 했다.

이런 날들이 반복되자 참을 수가 없었다. 그래서 나중에는 업무가 없으면 무조건 정시에 당당하게 퇴근했다. 엄지발가락에 에너지를 모으지 않고, 어깨도 움츠리지 않고, 또각또각 구두 소리 제대로 내면서, 팀장의 '의리' 공격도 무시한 채 말이다.

궁금했다. 내게 괴리감만 불러일으켰던 팀장의 '의리'란 과연 무엇이었을까.

지금 와서 조심스럽게 추측해보면, 팀장에게 '의리'란 '개인의 희생'이 당연하게 이뤄지는 '조직 속 인간관계'였을 거다. 그것이 무조건 낡고 촌스러운 발상이라고 치부하긴 싫다. 그런 개념이 모여 세상은 이렇게 급속도로 발전했을 테니까. 그는 그 변화를 몸소 체험했던 세대였을 테니까. 그런 의미에서 팀장의 눈에 비친 난 아마도 '의리 없는 이기적인 젊은 것'이었을 것이다.

그 팀장의 생각을 존중한다. 다만 아쉬운 건, 어른의 어른들이 그냥 어른인 젊은 것들의 생각은 잘못된 것, 또는 하찮은 것이라 쉽게 결론 내린다는 거다. 이야기도 들어보지 않고.

급속도로 변화되는 세상을 여러 세대가 함께 살다 보니 생긴 문제일 수도 있다. 보고 배우고 느낀 게 확연히 다른 세대가 쉬지 않고 변화되는 세상을 살아가는 방식이 같을 순 없을 테니까.

그래서 그럴 것이다. '의리'라는 단어 앞에서도 서로가 극명하게 다른 생각과 감정으로 괴리를 느끼게 되는 이런 상황이. 그런 거다. 서로 다르니까.

이런 괴리를 영화 제목으로 표현하면, '그때는 맞고 지금은 다른 것이다.

생각해보니 그 팀장님… 팀원들이 야근할 때 본인은 혼자 정시에 퇴근한 적이 많았던 것 같다. 자기도 의리 없으면서 왜 나한테만 그랬지? 억울하다. 분하다.

팀장님! 그러다 손가락 관절염 걸리겠어요

'까똑! 까똑! 까까똑! 까까까까똑! 까까까까까까까까까똑! 까까똑…'

금요일 저녁 8시 32분부터 토요일 새벽 3시 38분까지였다. 단 1분의 휴식기 없이 내 휴대폰을 두드린 메시지는 어림잡아 1,330개. 메시지 1개당 40~50글자(이모티콘과 띄어쓰기로 발생한 빈 곳 포함)로 계산했을 때 대략 5만 3,200자. 200자 원고지로 계산하면 266장. 대단하다. 단체 카톡방만 있다면 6시간 만에 중편소설 한 편이 완성된다. 개인 카톡방으로 온 메시지와 토요일 아침에 보낸 것들까지 포함하면 장편소설도 될 수 있다. 노장 작가들도 못 하는 걸 회사 단톡방이 해냈다.

그렇다면 이 소설의 제목을 어떻게 지어야 할까? 아무리 생각해도

《팀장님! 그러다 손가락 관절염 걸리겠어요》가 딱이다.

# # #

이날은 오전부터 조짐이 좋지 않았다. 새벽 6시부터 카톡이 울렸으니까. 이 시간에 메시지를 보낼 수 있는 사람은 두 사람뿐이었다. 해외에 있는 지인이거나 팀장이거나. 에이 설마, 오늘은 금요일인데. 에이 설마. 늘 그렇듯 설마가 사람을 잡는다.

"오늘 일이 있어서,

출근이 좀 늦을 것 같습니다.

이따 봅시다."

야호! 무두절(無頭節 : 상사가 자리를 비운 날)이다! 알람시계 대신 팀장의 메시지로 아침을 시작하다니. 개운하진 않지만, 괜찮다. 무두절이니까.

팀장이 말한 '이따'는 오후 3시다. 그가 없어서 편하긴 했지만, 중요한 프로젝트가 진행되던 날이라 모두 분주했다. 책임자가 이런 중요한 날에 개인적인 일(술 마시고 새벽 6시에 집에 들어가며 메시지를 남긴 듯)로 연차도 쓰지 않고 늦어도 되는 걸까? 하는 생각이 들었지만 모른 척했다.

내 업무는 대부분 프로젝트 초반에 집중된다. 기획이 잡혀야 콘텐츠가 만들어지는 거니까. 그래서 콘텐츠가 제작되는 순서에 따라서 돌아가면서 야근을 하게 되는 경우가 많다. 물론 완성된 콘텐츠를 크게 수정할 경우에는 함께 야근을 한다.

이날은 내가 맡은 업무가 마무리된 날이었다. 한마디로 야근할 필요가 없는 것이다. 게다가 제작 일부를 외주로 맡긴 상태였기 때문에 관련 담당자만 남으면 되는 상황이었다. 오후 6시 30분. 나는 팀장에게 물었다.

"오늘 제가 더 해야 할 일이 있을까요?"

"왜?"

"없으면 퇴근하겠습니다."

"그래. 여기도 8시쯤 외주업체에서 자료 받으면 끝날 테니까. 들어가."

# # #

이때는 이사하기 전이라, 회사와 집의 거리도 멀었다. 이날은 유난히 도로가 꽉 막혔던 것으로 기억한다. 집에 도착하니 8시가 조금 넘은 시간이었다. 간단하게 씻고 냉장고 안에 있는 엄마표 반찬을 꺼내서 상을 차리니 8시 30분이었다. 대부분의 맞벌이 부부가 그렇지만, 남편과 나도 금요일 저녁이나 주말이 아니면 마주 앉아 식사하기가 힘들다. 야근도 많지만 일찍 끝나도 도로가 막히는 시간이라 8시쯤 집에 도착한다. 밥 먹고 정리하면 9시가 넘고, 잠깐 거실에 앉아 쉬면 10시고, 씻고 나오면 11시가 된다. 그리고 다음날 아침 6시에 일어나야 한다. 평일에 집에 있는 시간은 많아야 10시간인데, 잠자는 6시간을 제외하면 4시간 정도다. 여기에 5일을 곱하면 20시간이다. 물론 집에 와서 일할 때도 많고 야근도 많기 때문에 실제로는 12시간이나 될까?

식탁에 앉아 남편에게 심야 영화를 보러 가자고 말하며 숟가락을 들었는데

'까똑! 까똑! 까똑!'

불길했다. 지금 읽을까? 나중에 읽을까? 고민하는 사이에도 메시지 알람이 멈추지 않았다. 숟가락을 내려놓고 메시지를 읽었다. 역시 팀장이었다. 단체 카톡방을 열어보니 구구절절 팀장의 메시지가 올라오고 있었다. 외주업체에서 넘긴 자료를 받으면 끝나는 일이었는데 자료가 계속 늦어지고 있었다. 업체에서는 밤 12시가 넘어야 보내줄 수 있다고 했다면서, 지금 퇴근한 두 사람을 제외하고 나머지 사람들은 모두 앉아서 기다리는 중이라고 했다. 그러면서 나를 겨냥한 메시지를 날렸다.

"본인 업무가 없으면,

프로젝트에 관심 끄고 집에 가도 되는 건가?

한 팀이면 서로의 업무에 공감하고 함께 걱정해야지.

10년씩이나 일했다는 사람들이 참 무책임하네.

일이 장난도 아니고 말이야."

순화시키는 문장이나 꾸미는 문장 없이 그때의 기분을 표현하고 싶다. 그 메시지를 읽고 순간 '뭐 이런 未친 상황이 다 있지?'라고 생각했다. 너무 흥분해서 생각만 했는지 육성으로 나왔는지 기억나진 않지만, 그랬었다. 나를 퇴근시키지 말던가, 퇴근 전에 얘기하던가, 본인이 일찍 출근하던가. 왜 갑자기 혼자 발광인지. 팀장의 메시지는 계속됐다.

"그리고 말이야. 저번에도….."

끝은 새로운 시작이었다. 초등학교 시절 "마지막으로 한 가지만 더…"라면서 아이들을 실신시켰던 교장선생님이 떠올랐다(선생님! 오해는 마세요. 존경했습니다. 운동장 조회시간만 빼고요). 팀장이 교장선생님과 다른 점은, 대답을 하지 않으면 음성 지원 없이도 벌컥 화를 낸다는 사실 정도?

팀장 : 야! 니들 대답 안해?

팀원1 : 죄송합니다.

팀원2 : 잘하겠습니다.

팀원3 : 지금이라도 회사에 가겠습니다.

팀원4 : 잘못했습니다.

　　　　　　　　　　　　　　　나 : 같이 대기하지 못해 죄송합니다.

　팀장의 카톡질은 자료가 도착한 새벽 0시 30분까지 계속됐다. 이제 좀 잘 수 있을까 싶었다. 그런데 도착한 자료가 엉망이었다. 팀장이 추천한 외주업체가 만든 자료였다. 일은 그 업체에서 했지만, 자료 수정은 팀원들이 했다. 또 다른 카톡질이 시작되는 순간이었다.

　팀장은 새벽 3시까지 카톡으로 업무를 지시했고 팀원들은 각자의 집과 사무실에서 일을 했다. 풍경은 '디지털 노마드(Digital Normad : 시간과 장소에 구애받지 않고 일하는 디지털 유목민)'인데, 실상은 '디지털 메이드(Digital Maid)'였다. 나는 그때 처음 만났다. 입도 아니고 손가락으로 밤새 화내는 사람을…. 세상에는 아직 내가 만나보지 못한 상상 그 이상의 사람들이 많겠지.

'까똑! 까똑! 까까똑! 까까까까똑! 까까까까까까까까까똑! 까까똑…'

다음날 아침에도 카톡 메시지 알림 소리에 잠이 깼다. 오전 8시였다. 역시나 팀장의 자료 수정 지시와 관련해서 팀원들과 주고받은 메시지만 48개였다. 몇 개의 카톡을 더 주고받은 후 더 이상 알림은 울리지 않았다. 왜냐하면 다들 바로 출근했으니까.

월요일에 만난 친한 동료는 주말 동안에 앉아서 2킬로그램을 감량할 수 있었다며, 독한 다이어트 체험기를 내게 들려줬다. 나는 그녀에게 말했다.

"자기 2킬로그램 감량시키려고 팀장님은 손가락에 관절염 걸렸을지도 몰라. 이따 확인해보자. 젓가락질 잘하는지."

# # #

카카오 브런치에 올렸던 이 에피소드(제목은 '토요일 새벽 2시, 팀장에게 온 카톡'이었음)는 25만이란 조회 수를 기록했다. 열 받아서 로그인했다는 사람부터 이 글을 읽어보니 차라리 우리 회사는 다닐 만한 곳이란 의견까지. 직장인들의 분노 게이지를 확 끌어올려준 에피소드였다. 오죽하면 다이어트에 성공했다는 동료가 친구에게 이 에피소드의 링크를 받고 내게 보여주며 말했다.

"하루 씨. 우리 회사랑 똑같은 회사가 있나봐. 완전 우리 회사 이야기야. 이거 봐봐."

그때 처음으로 동료에게 고백했다. 내가 이 글을 쓴 이하루라고.

혹시 궁금할지 모를 그 후의 이야기를 들려드리겠다. 팀장은 카톡질

'디지털 노마드'와 디지털 노예의 차이점

사건 외에도 문제점이 많은 사람이었다. 그래서 나는 퇴사를 결심하고 아웃소싱 회사 담당자를 만났다.

"퇴사하겠습니다. 팀장님과 같이 일 못 하겠습니다."

이유를 묻는 담당자에게 팀장의 카톡질부터 사생활 침해와 성적비하 발언, 그리고 회식 강요 등 회사에서 벌어진 불편했던 모든 사건을 털어놨다.

단순히 팀장을 신고하기 위해서 퇴사까지 들먹인 건 아니었다. 진짜 퇴사할 생각이었다. 절이 싫으면 중이 떠나야지 절이 사라질 수 없지 않은가. 보수적인 회사에서 상사와의 싸움이 얼마나 불리한 것인지, 여러 번 경험했기에 잘 알고 있었다. 그저 갈 때 가더라도 남겨진 사람들을 위해서 퇴사의 이유를 아름답게 포장하고 싶지 않았을 뿐이다.

들은 척 만 척할 줄 알았던 담당자가 팀을 옮겨주겠다며 일단 휴가를 다녀오라고 했다. 그런데 휴가를 가기 전날 황당한 사건이 벌어졌다. 팀장이 퇴사를 해버린 것이다.

그는 회사와 업무 처리로 인한 마찰 중에 "저 퇴사하겠습니다."라는 말을 홧김에 뱉고 나가버렸다. 그런데 회사는 "팀장님의 결정이 그렇다면 그렇게 하시죠." 하고는 팀장을 붙잡지 않았다. 팀을 옮기거나 퇴사를 하거나 휴가를 다녀와서 확실히 정리해야겠다고 마음먹었던 나는, 지금까지 그 팀 그 자리에서 일하고 있다.

세상에서 가장 재미없고 밍밍했던 반전이다.

"그나저나 수많은 AI 연구자와 개발자 분들! 지금 뭐하는 겁니까? 퇴근 후 직장 상사를 대신 응대해주는 기술과 제품은 왜 안 만들어주는 겁니까?

회사가 준 '등산의 이유'

"하루 씨, 다음 주에 등산 테스트 있는 거 알지?"

"네?"

이미 여러 번 들었지만 들을 때마다 '이건 아닌데!' 싶었다.

예전에 다녔던 회사에선 신입사원으로 합격하면 3개월간의 수습기간을 거쳐야 했다. 수습기간의 업무 태도와 평가를 통해 정규직으로 정식 발령을 내겠다는 건데, 통과의례 같은 것일 뿐. 큰 사고를 치지 않는한 대부분 정식 발령이 났다. 그렇다고 나사 하나쯤 빼고 다녀도 되는건 아니었다. 단거리 장애물 경주처럼 통과해야 할 테스트가 계속 있었으니까.

테스트는 단순했고 어렵지 않았다. 선배들보다 일찍 출근하기, 상사의 고드름 같은 농담에 헤프게 웃기, 회식 자리에서 아이돌로 변신하기, 할 일 없으면서 야근하기 등. 대부분 업무와는 관련이 없지만, 조직생활과는 친밀하게 연결되어 있는 것들이었다. 그래, 다 좋다. 다 이해할 수 있었다. 단 한 가지, 등산만 빼고! 다 이해할 수 있었다.

입사한 첫날, 인사팀 담당자는 신입사원들을 모아놓고 등산 테스트에 대해 이렇게 설명했다.

"신입사원들의 끈기, 열정, 인내심을 확인하기 위한 아주 중요한 테스트입니다. 우리 회사의 전통이기도 하고요."

물론 산 정상에 오르기 위해서는 끈기, 열정, 인내심이 필요할 수 있다. 근데 등산과 회사생활이 무슨 관련이 있는 것일까? 등산말고도 이런 것들을 평가할 수 있는 일이 많은데, 꼭 모든 사람을 등산으로 평가해야 하는 걸까? 왜 항상 회사의 전통은 직원들을 동원해서 만들어내는 건지, 이해할 수 없다.

그리고 사람의 신체로 끈기, 열정, 인내심을 테스트하고 싶다면 다른 방법도 많다. 사우나에서 오래 버티기. 하루 동안 삼천 배 올리기. 개그 콘서트 보면서 웃음 참기 등 셀 수 없이 많다. 굳이 등산이 아니어도 말이다.

남들은 조용히 있는데 이러는 나만 비정상일까? 내가 정상인지 비정

상인지 진단받기 위해 친구에게 전화를 했다. 당시 친구는 대기업 신입
사원 연수중이었는데, 내 이야기를 듣더니 이렇게 대꾸했다.

"야! 등산은 하루 안에 끝나잖아. 나는 지금 2주 넘게 그런 걸 매일
하고 있어. 다시 군대에 온 기분이야. 오늘은 아침부터 밤까지 행군했
어. 조별로 한 명의 낙오자도 없어야 통과라는 거야. 그래서 서로 가방
들어주고, 부축하고, 누구는 힘들다고 울고, 다들 죽는 줄 알았어. 다른
조는 서로 예민해져서 그런지 싸우기도 하고, 난리도 아니었지. 암튼
그렇게 힘들게 도착하고 나니까 담당자가 뭐라는 줄 아냐? 조직생활에
서 중요한 '협동력'을 키워주려는 훈련이었다나 뭐라나?"

그러면서 친구는 넌 타박할 상황조차 안 된다며 이런 말을 덧붙였다.

"그래도 우린 다행인 줄 알아야 해. H는 해병대 훈련 갔대. 회사에서."

여전히 의문은 풀리지 않았다. 회사생활과 등산, 행군, 해병대 훈련
은 어떤 관련이 있는 것일까? 깨우침의 시간이다, 이것이 사회생활이
다, 인재를 발굴하는 하나의 과정이다, 하는 식의 두루뭉술한 답변말고
좀 납득이 가는 답변을 듣고 싶다. 깨우침이야 인생을 살면서 스스로
느끼는 것이고, 사회생활이야 하다 보면 느껴지는 것이고, 인재 발굴이
야 기본 3단계를 거친 채용 전형에 있던 것 아닌가?

# # #

의문이 풀리지 않은 채 등산 테스트의 날이 밝았다. 어느 가을 선선
한 토요일이었던 것으로 기억한다. 왜 하필 토요일인지.

이른 아침부터 엄마의 등산복을 입고 테스트 장소로 향했다. 도착하

니 인사팀 담당자가 보였다. 처음 입사했을 때 '등산 테스트가 무엇인지' 열심히 설명해줬던 담당자였다. 처음에는 그를 알아보지 못했다. 민방위 훈련 때 입는 군복 바지와 빨간색 바람막이 점퍼, 그리고 눈이 보이지 않는 까만 선글라스와 밀리터리 스타일의 모자까지. 국내산 갈치 스타일의 정장을 즐겨 입던 회사에서의 모습이 아니었기 때문이다.

"이 산은 등산을 즐기는 사람도 쉬지 않고 큰 보폭으로 가야만 3시간 안에 정복할 수 있는 산입니다. 오늘 우리도 3시간 안에 이 산을 정복합니다. 단! 혼자 도착한 것은 인정되지 않습니다. 같이 출발하는 동기 모두가 함께 도착해야만 정복으로 인정됩니다. 알겠습니까?"

그는 테스트에 대한 간단한 설명을 마친 후 목에 걸고 있던 호루라기를 힘차게 불었다.

동기 중에 여자는 나와 E, 단둘뿐이었다. 나는 작고 단단한 몸매의 소유자로 여자치고 맷집이 좀 있었다. 반면 E는 가늘고 마른 몸매로 목소리까지 배고픈 모기처럼 앵앵거리곤 했다. 그래서 남자 동기들은 출발할 때부터 그녀의 배낭을 들어줬다. 억울한 기분이 들었지만 어쩌겠는가. 내가 튼튼한 몸매를 가진 것을. 근데 E는 왜 힘들어 죽겠다고 징징대면서 계속 거울을 꺼내 얼굴을 확인했던 걸까. 살짝 물어봤더니, "넌 여자의 기본이 안 돼 있다."는 짜증 섞인 답변이 돌아왔다.

어쨌든 우리는 그렇게 출발했고, 인사팀 담당자도 따라 올라왔다. 담당자는 우리 속도가 느려지거나 거리가 멀어지면 호루라기를 빽빽 불어대며 소리쳤다.

"속도가 늦습니다!"

"동기는 하납니다. 모두 함께 정상으로 갑니다!"

그가 소리를 지른다고 급격하게 떨어지던 체력이 되살아나는 건 아니었다. 게다가 보기와는 달리 나는 거울을 좋아하던 E보다 더 헉헉거렸다. 역시 오르막길은 내 스타일이 아닌지 경사가 심해질수록 심장박동 수가 빨라졌다(나중에는 심장이 터질 것만 같았는데, 절대 터지진 않더라). 멀리 정상이 보이는 지점부터는 스치는 모든 나무에 내 지문을 남기며 올라갔다. 그러자 담당자는 내게 이렇게 소리 질렀다.

"조직생활은 그 경사보다 더 험난하고 힘듭니다! 그렇게 약해 빠져서는 버텨내지 못하고 낙오자가 됩니다. 우린 하납니다. 한 사람이 낙오되면 함께하는 동료와 상사가 힘들어집니다!"

이 이야기에 감동한 건지 짜증이 난 건지 한 남자 동기가 가던 길을 돌아 내려와서는 내 팔목을 거칠게 잡아끌었다.

"30분만 더 가면 정상이야. 여기서 늦어지면 3시간 안에 정상 못 찍어. 그럼 다 끝장이야. 내가 너 끌고 갈 테니까 참고 속도 좀 내봐."

순간 화가 나서 그 동기의 팔을 확 뿌리쳤다. 그리고 가방이라도 대신 들어주겠다는 말을 무시하고 죽을힘을 다해 산을 올라갔다.

# # #

결국 3시간 안에 정상에 도착했다.

정상에는 반대편 코스로 올라와 우리를 기다리고 있던 직원들이 보

회사 단체 산행 후 먹는 도시락은 정말 꿀맛일… 리가 없잖아!

였다. 그들은 우리에게 수고했다며 도시락과 물을 나누어줬다. 후들거리는 다리 위에 도시락을 올려놓고 다들 정신없이 밥을 먹기 시작했다. 그때 우리를 흐뭇하게 지켜보던 한 차장님이 말했다.

"어때요? 반찬이 별거 없는데도 도시락이 꿀맛이죠? 회사도 그래요. 야근에 주말 근무에, 일이 많을 때는 너무 힘들어서 포기하고 싶거든요. 근데 딱 그 업무를 해내고 나면 보람도 생기고 성취감도 생기고. 딱이 도시락처럼 꿀맛이죠. 여러분이 오늘의 기억을 잊지 않고 회사생활의 힘든 고비마다 떠올려줬으면 좋겠어요."

모두 힘차게 박수를 쳤지만 동기들의 표정이 무척 복잡해졌음을 알 수 있었다. 왜냐하면 나도 그랬으니까.

도시락 꿀맛을 회사 노동과 비유하는 차장님의 이야기를 듣자니 식욕이 사라졌다. 그래서 나는 보란 듯이 도시락을 내려놓고 뚜껑을 닫았다.

그 후 9년이란 시간이 흘렀다. 그리고 나는 확신하게 됐다. 노동의 꿀맛은 보람이나 성취감이 아닌 월급에 있음을.

생각해보면 내가 그 여자 동기보다 예뻤다. 나란 여자, 살만 빼면 예쁜 얼굴이란 말을 참 많이 들었다. 그때는 살을 빼지 못해 그랬고, 지금도 역시 살을 빼지 못했다. 아니다, 오히려 더 쪘다. 내 기억으론 얼굴은 내가 더 예뻤던 것 같다. 확실히! 그렇다고 남자 동기들이 내 가방을 들어주지 않았다는 사실이 변하는 건 아니지만.

나는 애써 그녀와 싸웠다

그런 날이 있다.

아침에 눈을 뜨는 순간부터 잠이 들기 전까지, 내 잘못은 아닌 것 같은데 종일 안 좋은 일만 벌어지는 날. 괜히 '미신과 기운' 탓을 하며 투덜거리게 되는 날. 그래서 '이불 밖은 위험하다'며 집 안에 콕! 박혀 있고 싶은 그런 날이 있다. 그런데 이런 날이 평일이면 좀 곤란하다. 어쩔 수 없이 가방을 메고 현관을 나와 회사에 가야 하니까.

# # #

그날도 평소와 다를 것 없이 6시 20분에 일어났다. 아침 식사를 준비하기 위해 친정엄마표 반찬을 펼치고, 시어머니가 준 국을 데우며 밥솥을 열었다. 그런데 아뿔싸! 쌀알이 단단한 모습으로 출렁이는 물에 잠겨 있었다. 밥솥이 작동하지 않은 것이다. 어젯밤 예약 버튼을 누른 것 같은데…. 진짜 눌렀나? 혹시 잊었던 걸까? 혼란스럽다. 이럴 때는 냉장고를 열어야 한다. 그런데 여기도 아뿔싸! 늘 부족함 없이 채워져 있던 냉동 밥이 없다. 순간 남편의 모습이 떠오른다. 어젯밤에 다이어트를 하겠다며 야식을 참고 침대에 누워 간절한 목소리로 이렇게 말했었지.

"내일 아침에 밥 많이 줘!"

그때 평소보다 빠르게 출근 준비를 마친 남편이 식탁으로 와 기분 좋은 미소로 숟가락을 들고 말했다.

"밥은? 나 많이 줘야 해! 밥!"

"오빠, 오늘 아침은 회사에서 먹어. 나도 오늘은 도시락 포기하려고."

"뭐? 무슨 말이야?"

"밥 없단 말이야. 미안해"

남편은 배가 고파서인지 화가 난 것인지 한마디 인사도 없이 출근해 버렸다.

# # #

아침도 도시락도 포기한 탓일까. 그날따라 회사 근처 M버거집 간판이 특수효과를 넣은 듯 시선을 잡아끈다. 홀린 듯 M버거집의 문을 열었다. 어제 회사 동료에게 "인스턴트식품은 잘 상하지도 잘 썩지도 않는다더라. 너무 끔찍하지 않냐?" 하고 떠들던 내 모습이 잠시 스쳐 갔다. 그래서 발길을 돌리려는데 "주문은 이쪽에서 도와드리겠습니다!" 하는 20대 초반의 아르바이트생이 보인다. 남자들이 잘 모르는 사실! 여자도 어리고 예쁜 여자에게 약하다.

"M모닝 세트 하나 주세요."

포장한 모닝 세트를 들고 길거리로 나왔다. 사무실에서 쩝쩝 소리를 내서 먹기에는 어제 했던 말이 민망하고 머쓱하다. 그래서 길바닥에서 모닝 세트를 해치우기로 했다. 빨간 불을 밝히고 있는 신호등 앞에 서서 햄버거의 종이 외투를 벗겼다. 인스턴트식품이 끔찍할 정도로 장기간 상하지 않는지는 모르겠으나, 일단 그 자태와 냄새는 식욕을 유혹하기에 충분하다.

회사 건물까지 100미터 남았다. 어렸을 때 엄마는 "상놈처럼 길거리에서 음식 먹는 거 아니다."라며 혼냈지만, 여행 중에 본 미국의 바쁜 도시에서는 흔한 풍경이었다. 한 손에는 커피, 다른 한 손에는 베이글. '엄마는 잘 알지도 못하면서!' 하면서 입을 벌려 햄버거를 한입 하려던 찰나! 초록 불을 통과하기 위해 분노의 질주를 하며 달려온 자전거가 나를 칠 듯 말 듯 아슬아슬 지나쳤다. 덕분에 나의 햄버거와 커피가 뺑소니를 당한 듯 처참하게 길바닥에 쓰러졌다. 자전거를 탄 남자는 저 멀리 사라지며 뒤를 돌아봤다. 그의 눈빛에는 분명 '너 때문에 내 자전거가 중심을 잃을 뻔했어!'라고 쓰여 있었다.

# # #

헛헛한 속을 안고 사무실에 도착했다. 어쩐 일인지 허구한 날 당당하게 지각하던 상사가 일찍 출근해 있었다. 미세먼지 가득한 아침이지만, 나는 애써 마음에도 없는 인사를 한다.

"좋은 아침입니다. 오늘은 일찍 출근하셨네요?"

"하나도 안 좋은 아침이야. 지금 난리 났어, 난리!"

그가 호들갑을 떨며 말한 '난리'란 본사에서 갑작스럽게 업무가 내려왔는데 데드라인이 내일까지라는 내용이었다. 이럴 때마다 충분한 고민과 수정이 없는 콘텐츠를 생산하는 업무가 세상에서 가장 비생산적인 일로 느껴진다. 회사는 늘 '불가능 따위는 없다'고 말한다. 연봉 협상을 할 때는 '불가능한 상황(연봉 동결, 최소 금액 인상)'이라 회유하면서. 우리는 불가능하면 안 되고, 지들은 불가능하면 어쩔 수 없는 이유는 몰까? 늘 궁금하지만 애써 묻진 않겠다.

우리 팀은 각자의 고유 업무가 공정 과정처럼 순서대로 이뤄진다. 기획, 구성, 글쓰기 등의 업무는 내가 한다. 그래서 나는 늘 1번 타자다. 내 업무가 빨리 끝나야 다음 과정들이 시작될 수 있다.

상사는 본사 차장에게 전달받은 내용을 1분 스피치로 내게 전달했다. 그리고는 '상세한 기획안'을 작성하란다. 또 소설을 쓰라는 뜻이다. 이렇게 시간이 촉박한 업무를 할 때면 날카로워진다. 이럴 때는 나도 이판사판이다. 상사라고 안 봐준다. 까칠해질 수밖에 없다. 이렇게.

"하루 씨, 2시 전까지 끝내야 해!"

"글쎄요. 일단 해볼게요."

"네. 알겠습니다."라고 말하지 않는 건 한 분야의 전문가로서 지키고 싶은 자존심이다. '니들이 생각하는 것처럼 내 업무가 단순한 게 아니다'라고 말하는 것이다.

# # #

책상에 앉자마자 기획안을 쓰기 시작했다. 마음이 급하면 생각이 잘 정리되지 않아 빈 화면만을 노려보게 된다. 짜증과 복잡함에 머리가 아픈 그때 한 통의 전화가 걸려왔다. 순간 번뜩했다. 얼마 전 이력서를 낸 회사가 떠올랐다. 잘됐다. 바빠도 이런 전화를 놓칠 수 없지. 나는 휴대폰을 들고 복도로 뛰어나갔다. 최대한 목소리를 친절 모드로 변조한 후 통화 버튼을 눌렀다.

"네. 이하루입니다."

"반갑습니다, 고객님! 조건 없이 대출 가능한 '햇살*'입니다…."

인공지능의 발전은 광고 전화도 사람이 아닌 기계가 대신하게 만들고 있다. 더 놀라운 건 이런 사기성 대출 전화는 하루살이처럼 사는 나 같은 사람을 정확히 골라낸다. 내 개인 정보는 도대체 어디까지 퍼져나간 거냐. 그런데 화를 낼 수도 없다. 인간이 기계랑 싸워서 이길 확률은 아주 낮으니까. 그냥 전화를 끊고 사무실로 들어갔다.

4시간 뒤 정신없이 작성된 '어설픈 기획안'이 완성됐다. 나는 '이건 나의 본래 실력이 아니다'라는 것을 상징적으로 보여주기로 했다. 그래서 파일명에 '초안'이란 단어를 포함시켰다.

# # #

점심시간이 지난 1시. 다들 점심을 먼저 먹은 터라 혼자 점심을 해결하기 위해 외출을 했다. 비싸고 맛없는 식당들만 가득한 거리를 헤매다 보니 아침에 한 입도 하지 못한 햄버거가 생각났다. 갑자기 허기가 져서 눈앞에 보이는 식당으로 직진했다.

생긴 지 오래됐지만 한 번도 와본 적 없는 우동 가게에 앉아 메뉴를 고민했다. 너무 배가 고파서인지 단품 우동은 끌리지 않았다. 그래서 3천 원이나 더 비싼 '우동 세트'를 주문했다. 가게가 아담하고 예뻤다. 다른 사람들이 앉은 테이블 위를 살폈다. 그때 전화가 울렸다. 본사 담당자였다.

"점심 먹고 들어와서 확인했어요. 근데 저희가 원하는 방향은 아닌 것 같아서, 다시 부탁드려야 할 것 같은데요."

"네. 잠시만요."

그때 우동 세트가 테이블 위로 올라왔다. 나는 주인에게 입 모양과 손짓으로 '펜! 종이! 있나요?'라고 물었다. 단번에 나의 리액션을 이해한 그가 테이블 옆에 비치된 펜을 향해 검지를 폈다. 나는 펜을 잡고 냅킨을 펼쳤다. 그리고 10분 넘게 냅킨 몇 장에 글자를 가득 채워나갔다. 통화를 마칠 때쯤 본사 직원이 내게 말했다.

"아휴, 메일 보낸 거 보니까 점심시간까지 일하신 것 같던데…. 죄송해서 어째요. 팀 사람들한테 부탁해서 사무실에서 김밥이라도 좀 드시면서 하세요. 아무튼 번거롭겠지만 수정 좀 빨리 부탁할게요."

그렇죠! 넌 입으로 먹고 난 코로 먹어야 제맛이죠.

그녀의 걱정이 어처구니가 없었다. 너는 밥 먹고 와서 내 메일 확인하면서, 난 왜 당연히 굶고 앉아서 너의 피드백을 기다리며, 입 안에 김밥을 쑤셔 넣어야 한다고 생각하는 거냐!

그사이 우동 세트는 미지근하게 식어 있었다. 식었을 때 맛있는 음식이 진짜 맛있는 거라는데, 이 세트 메뉴는 뜨거웠을 때도 별로였을 것같았다. 냉동 반찬에 기름기 없는 쌀밥에 미역이 잔뜩 올라간 우동이나무 접시에 정갈하게 담겨 있었으니까. 나는 우동은 한 입, 밥은 두 숟가락 떠먹고 자리에서 일어났다. 그곳은 지금도 내게 '최악의 우동 가게'로 기억된다.

가게에서 나와 회사로 걸어가는데 또 전화가 울렸다. 070으로 시작되는 번호라서 받지 않을까 했지만 회사에서도 인터넷 전화를 쓰고 있기에 안 받을 수 없었다. 기분 탓인지 상사가 나를 찾을 것만 같았다.

"여보세요! 저 지금 들어가는 중인데요!"

"반갑습니다, 고객님! 조건 없이 대출 가능한 '햇살*'입니다….."

바로 통화 종료 버튼을 누르고 급하게 발걸음을 재촉했다. 그러다 멈칫, 멈춰서 휴대폰 통화 목록을 확인했다. 분명 오전에 전화를 받은 '햇*론'과 똑같은 기계음이었는데 번호가 달랐다. 괘씸하고 화가 났다. 그래서 수신 번호를 눌러 통화해 보기로 했다. 그런데 "지금 거신 번호는 없는 번호이니…."라는 음성이 나온다. 다른 번호도 마찬가지였다. 항의하고 싶은 마음이 가득한데 기획안 수정이 나를 부른다. 나는 일단 사무실로 복귀했다.

3시쯤 수정을 끝내고 다시 메일을 보냈다. 이번 파일명은 '수정1'이었다. 드디어 일이 끝났구나! 나는 바로 편의점으로 달려갔다. 놓친 탄수화물을 아쉬워하며 당이라도 보충하려고 초콜릿을 골랐다. 달달한 무언가가 입안에 퍼지면 위로가 될 것 같았다. 계산대로 향하는데 전화가 울렸다. 이번엔 상사였다.

"하루 씨 어디야?"

"지금 편의점 왔어요."

"밥 먹었으면 됐지. 바쁜 시간에 무슨 군것질이야! 암튼 빨리 좀 들어와. 본사에서 연락 왔는데, 보니까 처음에 보내줬던 기획안이 더 나은 것 같다고, 처음 버전에다가 몇 가지 내용을 추가해서 다시 보내 달래."

"네?"

통화를 마치는 순간 깨닫게 된 것이 있었다. 지갑을 사무실에 놓고 왔다는 거다. 손에 든 초콜릿을 다시 진열대에 갖다 놓아야 했다.

터덜터덜 편의점을 나오는데 070으로 시작하는 전화가 또 걸려 왔다. 잠시 번호를 내려다보다가 전화를 받았다.

"반갑습니다, 고객님! 조건 없이 대출 가능한 '햇살*'입니다…."

이번엔 친절하고 불쾌한 기계음을 끝까지 경청했다. 상담을 받고 싶으면 1번을 누르라고 해서 1번을 눌렀다. 그러자 기계음은 볼 일 다 봤다는 식으로 '감사하다'는 말을 남기고는 달칵 전화를 끊어버렸다. 순간 내 마음은 비장해졌다.

# # #

사무실로 돌아와 다시 기획안을 수정해서 메일을 보냈다. 이번에 쓴 파일명은 내 멋대로 '최종'이었다. 온종일 제대로 먹지 못했다. 그러나 처리해야 할 업무는 한가득이었다. 나는 멍하게 휴대폰만 주시했다. 드디어 전화가 울렸다. '친*은행 사칭 전화'로 검색되는 번호였다. 나는 휴대폰을 들고 복도로 나갔다. 전화를 받으니 이번엔 기계음이 아닌 진짜 사람이었다.

"여보세요!"

"안녕하세요, 고개액님! 해살* 대츨 승담 신충하셨죠? 즈희는 조건 없이 최대…."

"저기요!"

"네. 고개액님."

"지금 종일 뭐하는 거죠?"

"네?"

"뭐하는 거냐고요? 어지간하면 참으려고 했는데, 어떻게 하루에 광고 전화를 세 번이나 해요? 도대체 제 정보는 어디서 났어요, 네?"

"즈희는 해살*이고요…."

"저기요! 당신 말야! 자꾸 티 나게 '해살! 해살!' 하는데, '해살'이 아니고 '햇살'이야. '즈희'가 아니고 '저희'고! 발음 좀 더 연습해! 아니 이딴 발음으로 나한테 사기 치겠다고 하루에 세 번이나 전화해서 사람 뚜껑 열리게 하는 거야?"

삑. 여자는 전화를 끊어버렸다. 갑자기 묘한 오기가 생기기 시작했다. 그래서 수신된 번호로 바로 전화를 걸었다. 한참 신호음이 갔지만 전화를 받지 않았다. 어차피 급한 업무도 끝났는데 끝까지 해보자! 20분쯤 멈추지 않고 계속 전화를 했다. 셀 수 없을 만큼 계속해서 통화 버튼을 누르고 또 눌렀다. 결국 그녀가 전화를 받았다.

"야! 니 그렇게 할 일이 읎어? 왜 계속 즌하질이야? 할 일 읎으면 발이나 닦고 자."

"야? 반말하네? 야! 여기 발 닦을 곳도 없지만 그러고 자면 잘려! 내가 계약직이라 잘리기 쉽거든! 그리고 니가 뭔데 자꾸 전화해서 종일 사람 귀찮고 짜증나게 해?"

"증신 나간 여자그만…."

"당장 신고할 테니까, 그렇게 알고 있어!"

"증신이 나갔그만, 나갔으!"

"'즈희'가 아니라 '저희'고, '해살'이 아니라 '햇살'이고, '증신'이 아니라 '정신'이야!"

그때 나는 몰랐다. 내 목소리가 얼마나 크게 복도에 울리고 있었는지.

# # #

퇴근시간이 다가올 때쯤 문자 메시지가 왔다. 몇 달 전 은행 직원의 꼬임에 넘어가 가입한 외국 펀드의 정기 수익률이 −33%가 되었다는 내용이었다. −33% 숫자 밑에 '더 나은 수익률을 위해 최선을 다하겠다'는 말도 덧붙여 있었다. 그러면서 궁금한 점이 있으면 연락 달라고 했지만, 시간은 벌써 오후 5시 50분에 가까워지고 있었다.

"하루 씨. 오늘 무슨 기분 안 좋을 일 있었어?"
"네! 정말 기분 안 좋은 날이네요."

아침부터 나를 달달 볶던 상사가 우연히 복도에서 보이스피싱 그녀와 싸우는 나를 본 탓인지 목소리 톤을 다정하게 변조시켜 물었다. 내가 기분이 안 좋은 이유에 본인도 포함된다는 걸 모른다는 듯.

사실 내가 윽박지르며 싸우고 싶었던 건 보이스피싱 그녀도, 회사 상사도, 본사 직원도 아니었다. 바로 나였다. 어딘가에 화를 풀려고 마음을 단단히 먹었던 나에게 화가 났던 것 같다.

> 그 최악의 우동 가게는 아직도 영업 중이다. 이상할 정도로 늘 손님이 있는 것이 신기해서 동료에게 물어보니, 그 집은 '김치 우동이 짱'이라더라. 어쩌면 다음에 또 가게 될지도 모르겠다.

회식 분위기는 막내의 몫이다

'첫 회식'의 기억은 어제 일처럼 아직도 선명하다.

왜? 돌이켜보면 '분위기'가 한몫했다. 첫 직장에서는 여자건 남자건 할 것 없이 강렬한 캐릭터가 많았다. 같은 팀이라도 사무실에서 얼굴을 볼 수 없는 날이 많았다. 그럼에도 일주일에 한 번, 기획 회의를 할 때면 서로의 아이디어에 날선 비판을 서슴없이 날렸다. 그러니 나 같은 막내는 쭈글쭈글, 뻘쭘뻘쭘, 늘 주눅이 들어 있었다. 뭐, 요약하면 부드러운 성격을 지닌 사람이 극소수였다. 본인들은 '내유외강'이라고 주장했는데 그들의 '내유'를 느끼기에는 서로가 많이 바빴고, 난 그 회사에 겨우 2년을 근무했을 뿐이니까.

다시 회식 이야기로 돌아가자. 서로의 얼굴을 볼 시간도 없고, 회의 땐 의견 충돌이 많았지만, 회식 분위기는 사뭇 달랐다. 황금비율의 소맥과 파도타기 원 샷, 벌칙주, 그리고 마지막을 장식하는 노래방 코스까지. 술에 약하고 소리에 예민한 나에게 회식은 극기 훈련보다 힘든 인내심을 요구했다. 특히 첫 회식은 인내심과 함께 공포를 동반했다.

"막내야! 다음 주 목요일에 회식 있다! 첫 회식에서 각 팀 막내들 장기자랑 하는 게 전통이거든. 제대로 준비해. 꼴찌 하면 선배들이 벌칙으로 폭탄주를 마셔야 하니까!"

첫날부터 나를 사납게 다루던 사수의 말이었다. 나는 그녀의 위협적인 말투보다 내 자신이 더 무서웠다. 나란 젊은이는 몸치, 박치, 음치 등 세상의 모든 '치'를 달고 태어난 존재였으니까. 학창시절 수많은 행사에 참여했지만 춤은커녕 노래도 불러본 적이 없다. 오죽하면 운동회 때 담임 선생님이 내게 조용히 부탁했을까. 넌 응원단에서 빠지라고. 이런 상황을 사수에게 어떻게 설명할까 고민하고 있는데, 그녀가 그 고민을 무참히 짓밟았다.

"춤 못 춰요. 노래 못해요. 이딴 말 하는 건 아니지? 내가 적당한 걸로 정해줄게. 이번에 나온 소녀시대 신곡으로 준비해. 노래랑 춤!"

걔네는 예쁘고, 노래 잘하고, 춤 잘 추는 여자 9명이다. 난 안 예쁘고 모든 '치'를 다 안고 태어난 평범한 여자 1명이고. 머릿속에서 황사가 일어났다. 노랗게, 두통이 찾아왔다.

# # #

그날 야근 후 집에 돌아와 부모님이 잠든 안방에 침투해선 소리 없이 전신거울을 들어 내 방으로 옮겼다. 두통이 극심했지만 잠들 수 없었다. 컴퓨터를 켜고 소녀시대의 뮤직 비디오를 검색했다. 당시도 지금도 '애늙은이' 캐릭터를 유지하는 내게 소녀시대의 음악과 동작은 신세계였다. 그때 그 노래 제목은 'Gee'였다.

"…Gee Gee Gee Gee Baby Baby, Gee Gee Gee Gee Baby Baby…."

컬러풀한 스키니 팬츠에 귀엽고 깜찍한 안무, 여기에 앙증맞은 가사까지. 이건 정말 하체 비만이 고민이라 검은색 바지만 고집하던 내가 따라 할 수도 없고, 따라 해서도 안 되는 영역이었다. 그때 기분을 의성어로 표현하면 이랬다.

"지지지, 붸붸붸붸붸, 지지지지, 붸붸붸붸붸…."

사회인이 되면 하고 싶지 않은 일과 못하는 일을 해야 하는구나. 나는 그렇게 어른이 되어가는 것을 느끼기는, 젠장! 주말까지 출근하면서도 밤에는 혼자 토할 때까지 내 인생과 상관없는 일에 몰두해야 했다. 지금 생각해도 무섭고 억울한 기분이다.

나는 연습을 거듭할수록 흉해지는 내 자신을 발견했다. 어쩌면 이렇게까지 못할 수 있지? 때로는 노력에게도 배신당한다. 답답한 마음에 다른 팀 막내들을 찾아갔다. 도대체 너희들은 뭘 준비하니? 나보다 심한 건 아니지? 하는 마음으로 말이다.

역시 그들의 상황도 크게 다르지 않았다. 한 남자 동기는 동대문에서 가발까지 사 와서 'She's gone'을 연습하고 있다며 담배를 꺼내들었다. 깊게 담배를 빨아들인 후 어차피 해야 한다면 쇳소리 나는 고음과 코믹한 분장으로 어떻게든 우승을 하겠다고 하는데, 온 몸에 소름이 돋을 뻔했다.

# # #

드디어 첫 회식이 찾아왔다. 내 인생의 오점이 될 장기자랑을 빨리 끝내고 싶었다. 그러나 이래저래 순서도 많고, 건배 제의도 많고, 기다리는 내내 심장이 쿵쾅거렸다. 마음을 잡기 위해 분홍색 스키니 진을 담아온 핸드백을 움켜쥐곤 했다.

1차가 끝나고 2차를 위해 호프집에 갔다. 나의 사수를 포함해 높으신 분들은 이미 얼큰하게 취해 있었다. 그럼에도 장기자랑은 폭탄주 파도 타기가 세 번쯤 지난 후에야 시작됐다.

부장님이 무대로 올라가 마이크를 잡았다.

"자, 우리의 전통이죠? 각 팀 막내들이 신고식 겸 장기자랑을 준비했는데요. 시작해볼까요?"

내가 미친다. 꼭 이런 건 하이라이트 부분에 당첨된다. 제비뽑기로 내 순서는 마지막이 됐다. 그것도 'She's gone'을 부르겠다는 그 남자 동기 바로 뒤였다.

첫 무대부터 관객들의 분위기가 좋지 않았다. 공주병 말기라고 소문

난 동기가 무대에 올라가 '총 맞은 것처럼'을 열창했다. 그러자 그 팀의 선배가 진짜 총 쏴버리기 전에 당장 내려오라고 했다. 센스 없이 어떻게 그런 선곡을 했냐며 그녀를 다그쳤다. 내가 그녀보다 더 심각한 음치인데, 나는 어떻게 될까. 갑자기 두려워졌다.

그 후 무대에서는 어르신들이 좋아하는 팝송과 트로트가 이어졌다. 그리고 드디어 그 남자 동기 순서가 왔다. 그는 가죽 재킷과 노란 장발 가발, 그리고 조카 장난감으로 보이는 기타를 메고 무대에 올랐다. 등장부터 어르신과 선배들이 박장대소했다. 그렇게 시작된 노래에 모든 선배와 어르신들이 손을 흔들며 열광했다. 마지막에는 기립 박수까지 쳤다. 나는 울고 싶었다.

모두가 앙코르를 외치던 동기의 무대가 끝나고, 하체 비만인 나는 분홍색 스키니 진을 입고 무대에 올랐다. 반주가 흘러나오자 모두 눈을 동그랗게 뜨고 박수를 쳤다. 뭐 그런 의미였을 거다.

"쟤가 저걸?"

# # #

난 꼴찌를 했다. 분홍색 스키니 진만 입으면 뭐하나. 뻣뻣한 동작과 매가리 없는 목소리, 게다가 어긋나는 음정에 분위기가 침울해졌다. 오죽하면 평소 자상하기로 소문난 팀장님이 이런 말을 했을까.

"넌 나이도 어린 것이 왜 그렇게 끼가 없니? 답답해서 원…."

난 지금도 노래방이라면 치가 떨린다. 다행인 건, 요즘은 회식 문화도 좀 바뀌었고 뻣뻣한 내게 저런 걸 시키는 사람도 없다. 가끔 다른 팀과 회식을 할 때 신입들이 열심히 분위기를 띄우는 모습을 보곤 하는데, 첫 회식의 기억이 떠올라 바들바들 떨다가 결국 웃어버린다. 키득키득.

지금도 의문이다. '총 맞은 것처럼'을 부른 음치 동기도 있는데, 왜 굳이 춤까지 춘 내가 꼴찌가 됐을까? 아무리 생각해봐도 순서가 문제였던 것 같다. 마지막만 아니었어도!

'싫다'고 했어야지!

"처음부터 경력자를 뽑았어야 했어! 약해 빠져서 눈물이나 흘리고!"

가끔 회의에 함께 참석하는 옆 팀의 박 과장이 짜증을 냈다. 나는 그의 의도에 부응하기 위해 걱정스러운 척 무슨 일이냐고 물었다. 그러자 그는 '신입사원 A'가 마음에 들지 않는다며 불만을 늘어놓기 시작했다. 업무도 빨리 못 익히는데다 조금만 화를 내면 운다는 거다. 나는 대수롭지 않은 일이라 느껴 피식 웃으며 말했다.

"에이~ 과장님. 본인이 뽑아놓고 왜 그래요? 언제는 예쁘다면서요? 잘해줘요. 회사생활이 처음이라 좀 긴장해서 그런 것 같으니까요."

그 후에도 박 과장은 만날 때마다 신입사원 A에 대한 불만을 쏟아냈다. 계속 듣다 보니 이건 조금 지나치다 싶었지만, 최근 프로젝트가 많아서 신경이 날카로운 것이겠지. 그냥 그렇게 넘겼다.

# # #

그 일이 있고 일주일 후 얼마 전 퇴사한 동료 B에게 전화가 왔다. B는 박 과장과 같은 팀에서 일했던 직원이다. 회의 후 셋이 몇 번의 식사를 하면서 친분이 생겼다. 서로 팀은 달랐지만 공통점이 많아서 꾸준히 연락했고, 퇴사 후에도 가끔 만나는 사이였다. 나는 반가운 마음에 잘 지내냐고 물었다. "잘 지내고 있다."는 B의 목소리가 심상치 않았다. 기분 탓인지 불길한 얘기를 할 것만 같았다.

"저기… 내가 퇴사하고 이런 얘기해도 괜찮을지 모르겠는데….."

좋지 않은 예감은 늘 적중한다.

불길한 예감의 주인공은 박 과장이었다. B의 얘기에 따르면, 그가 늘 험담하던 신입사원 A를 성추행했다는 것이다. 그래서 겁에 질린 A가 팀 내 유일한 여자였던 B에게 연락해서 도움을 요청했다는 내용이었다. 그러면서 B는 내게 도와줄 방법이 없는지 물었다. 평소에 나는 들은 내용을 그대로 믿지 않는다. 좋게 말하면 신중하고, 나쁘게 말하면 좀 삐딱하다. 그래서 늘 의심하곤 하는데 이번에도 마찬가지였다.

"정말 박 과장이 일방적으로 치근덕거린 거 맞아요? 사람이 그릇이 좀 작아서 그렇지, 나름 순박하고 착한 노총각이잖아요. A씨가 오해한 거 아닐까요?"

그러자 B는 자기도 처음에는 그렇게 생각했으나 A가 보여준 메시지

내용과 녹음 파일 등을 확인했단다. 일부 내용을 내게 보내줬다. 그 안에는 박 과장이 A를 집에 데려다주겠다며 차에 태워 고백하면서 스킨십을 시도했던 상황을 자백한 내용까지 있었다. 박 과장의 행동이 스토커 수준으로 발전하자 A씨도 작정하고 모아둔 증거라고 했다. 듣고 보면서도 믿기지 않는 상황이었다.

어이가 없었다. 박 과장이 좀 투덜거리고 소통이 어려운 사람이지만, 이런 소름 돋는 행동을 할 사람은 아니라고 믿었다. A씨를 욕하던 박 과장 모습이 스릴러 영화의 한 장면처럼 느껴져 무서워졌다.

다음날, 인사 쪽을 담당하는 여직원을 불러내 상황을 설명했다. 이런 일은 어떻게 해결하는 게 좋은지 조언을 구하고 싶었다. 내 이야기를 듣고 입을 연 그 직원의 첫마디는 좀 충격적이었다.

"처음부터 '싫다'라고 말했어야지!"

그녀의 대답에 뭔가 치밀어 오른 나는 이렇게 물었다.

"매일 12시간 이상 사무실에서 내 밥줄을 쥐고 있는 사람에게, 바로 'No'라고 대답하는 게 쉬워요?"

그러자 그녀는 "요즘 애들은 엄청 당돌하지 않나?"고 받아쳤다.

# # #

글쎄다. 대학 졸업 후 첫 취업까지 평균 11개월이 걸리고, 10명 중 4명이 공무원을 준비하는 치열한 경쟁 사회. 이 속에서 겨우 회사라는 집단에 안착한 신입사원들에게 그게 정말 쉬운 일일까? 아, 어떤 경우에는 당돌해지기도 한다. 바로 퇴사를 결심했을 때다. 이걸 나약하다고 표현한다면, 내 의견은 또 반대다. 충분히 이 일을 널리 알릴 수 있는 SNS 같은 도구에 익숙하지만, 기업과의 싸움에서 이겨도 손해인 사회란 것도 아주 잘 안다. 성희롱 같은 문제에 휘말려봐야 남는 게 없다는 걸 너무 잘 안다. 그래서 'No'가 아닌 'Quit'을 선택하는 거다.

"싫다."고 말해야 한다고 다그치기 전에, 약자에게 지나치게 강자가 되는 사람들의 나쁜 마음을 꼬집어주는 게 먼저 아닐까? 언제까지 약자 스스로가 강해져야 한다고만 할런지.

이것도 이제 1년 전 일이 됐다. 카카오 브런치에 글을 쓸 때는 사건의 결론까지 공개할 수 없었다. 결론이 무척 씁쓸했고, 나도 과거에 비슷한 일로 비슷한 결론을 경험했기 때문이다.

일단 A와 박 과장은 나와 같은 파견직이었다. 그 후 A는 아웃소싱 담당자에게 이 사실을 알렸다. 담당자는 박 과장과 면담을 했고, 그 과정에서 박 과장은 "A도 내게 호감이 있는 줄 알고 그랬다."는 말만 반복했다. A는 회사에 이 사실을 알리고 무서워서 출근조차 하지 못했는데, 이런 상황에서도 박 과장은 만나서 얘기하자고 A에게 계속 연락했다. 상황이 쉽게 정리되지 않자 A는 SNS에 이 사건을 올리겠다고 했고, 박 과장은 A가 자기를 협박한다며 적반하장의 태도를 보였다.

이런 상황이 한 달쯤 이어지자 결국 회사를 그만둔 건 A였다. 회사에서는 팀을 옮겨주겠다, 박 과장을 퇴사시키겠다는 식의 제안을 했었다. 그러나 A는 "스토커처럼 치근덕거리던 박 과장이 보복할까 봐 무섭다."며 끝내 퇴사했다. 그리고 전화번호까지 바꿔버렸다. 아마 이사도 했을 거다. 박 과장이 주소를 아니까.

더 씁쓸했던 건 그녀가 퇴사한 후였다. 회사는 박 과장에게 연봉 삭감 처분과 시말서 한 장을 받은 후 그를 계속 출근시켰다. 아웃소싱 회사 입장에서는 이 일이 본사에 알려지는 게 싫었을 것이다. 본인들도 을의 입장이니까. 그래도, 그래도, 그래도, 뭔가 한참 잘못된 일이다.

'혼밥'하려고 도시락을 쌉니다

나는 도시락이 싫었다.

남들은 '도시락' 하면 엄마의 정성이나 고마움이 먼저 떠오른다던데, 나는 '돌덩이'란 단어만 떠오른다. 중학교 1학년 때까지 여름이건 겨울이건 엄마는 꼭 보온 도시락에 점심을 싸줬다. 그러나 매일 무거운 책가방을 메고 20분쯤 걸어야 하는, 체구 작은 14살의 여학생에게 '보온 도시락'은 최악의 아이템이었다. 스타일 망치는 건 물론이고 돌덩이처럼 무거워서 '보온 도시락'을 볼 때마다 신경질이 났다. 그래서 엄마에게 작은 플라스틱 도시락으로 바꿔달라며 짜증내고, 협박하고, 회유했다. 하지만 나는 급식이 시작되기 전까지 매일 보온 도시락을 들고 등

교해야 했다.

이건 순전히 엄마의 밥에 대한 철학 탓이었다. 엄마는 늘 "한국 사람은 밥을 먹을 때 꼭 국물이 있어야 해."라고 말했다. 물론 보온 도시락에 싸준 콩나물국, 시래기 된장국, 부대찌개, 뭇국, 어묵탕 등은 지금 생각해도 군침이 돌 만큼 맛있었다. 그러나 나는 국이 없어도 밥을 잘먹을 만큼 늘 식욕이 좋은 아이였다. 중학교 2학년 때 급식이 시작되면서 무거운 도시락과 이별할 수 있었다. 깃털처럼 가벼워진다는 말을 실감한 건, 그때가 처음이었다.

# # #

20여 년 전에 도시락과 행복한 이별을 했던 내가 다시 도시락을 들게 된 건 지금의 회사로 이직을 하면서부터다. 이젠 스스로 아침 일찍일어나 도시락을 준비해서 가방에 챙겨 넣는다. 물론 도시락과 함께하는 출근길이 마냥 좋은 건 아니다. 노트북에 도시락까지, 뚱뚱한 가방을 들고 출근하는 일이 달갑지 않다. 그나마 엄마가 좋아하던 돌덩이같은 보온 도시락이 아닌, 아주 가벼운 소재의 도시락을 구입한 건 다행 중 다행이다.

첫 회사에서는 외근과 출장이 많아서 혼자 점심을 해결할 때가 많았다. 그 후 프리랜서로 일할 때도, 계약직으로 일할 때도, 대부분 그랬다. 회사 밖에서 일할 때가 많아서 점심을 먹고 싶을 때는 혼자 식당에가서 먹고 싶은 메뉴를 골라, 온전히 내 속도에 맞춰 여유롭게 끼니를해결했다. 지금 생각하면 굉장한 특권이자 자유였는데, 그때는 별다른 생각이 없었다.

지금의 회사로 이직한 후 점심시간에 많은 변화가 생겼다. 일단 배가 고프다고, 시간이 됐다고, 무작정 점심을 먹으러 갈 수가 없었다. 12시가 넘어서도 팀장이 일을 하고 있으면 대기해야 했다. 내가 일하고 있던 중이라면 일을 접고 일어서야 했지만…. 불편했던 건, 이렇게 모든 팀원들이 우르르 거리로 나간 후였다. 갈 만한 곳은 뻔한데 "어디 가지?" 하는 식의 대화로 거리에서 시간을 낭비했다. 학교에 급식이 있듯 회사에 구내식당이 있어야 하는 이유를 알게 됐다.

그리고 이해할 수 없었던 건, 결국 선택되는 메뉴였다. 왜 매일 상사가 가고 싶은 식당에 가야 하는지. 시간보다 아까운 건 돈이었다. 내 돈 내고 내가 먹고 싶은 걸 먹지 못하다니.

메뉴가 결정되는 과정을 짧은 스크립트로 정리하면 다음과 같다.

상황1
회사 건물 앞 흡연 구역 주변, 팀장과 과장은 담배를 태우고 있고, 비흡연자 직원들은 옆에 서 있다. 그때 과장이 (짬뽕 마니아)팀장의 안색을 살피며 묻는다.

과장 : 팀장님, 오늘 점심은 어디로 갈까요?

팀장 : 어제 과음을 했더니, 속이 안 좋네.

과장 : 그럼 오늘은 짬뽕집으로 갈까요?

팀장 : 다들 짬뽕 괜찮아? (직원들이 대답하기 전에) 그럼 가지 뭐.

상황 2

상황 1과 같은 모습이다. 팀장과 과장이 담배를 피우는 흡연 구역 옆에 비흡연
자들이 서 있다. 다른 건 오늘 따라 기분이 좋은 (짬뽕 마니아)팀장의 모습이다.
과장도 신이 나 팀장에게 묻는다.

과장 : 팀장님. 오늘 점심도 다들 좋아하는 짬뽕집으로 갈까요?

팀장 : 글쎄. 오늘은 우리 막내가 추천하는 곳으로 가볼까? 막내 씨, 오늘 뭐 먹
고 싶어?

막내 : 저기 건너편에 피자 가게가 새로 생겼더라고요.

팀장 : 피자? 한국 사람이 쌀을 먹어야지. 밀가루 먹고 힘이 나겠어?

막내 : 그럼 쌀국수집 갈까요?

팀장 : 쌀국수? 막내 씨는 한식을 안 좋아하나 보네.

과장 : 그럼 짬뽕 어떠세요?

팀장 : 거 참, 이 사람이! 오늘은 막내가 먹고 싶은 거 먹자니까. 막내 씨, 짬뽕 어
때?

막내 : 네? 아… 네….

팀장 : 좋다고? 그럼 가자고, 짬뽕집으로! 막내 씨가 나랑 식성이 비슷한가 보
네. 허허허.

   짬뽕을 한식으로 착각하는 팀장에게 그 피자 가게의 피자는 '쌀 피자'
라고 막내 대신 말해주고 싶었다. 그러나 호흡을 가다듬고 참는다. 괜
한 말을 꺼냈다가는 바로 밉상으로 찍히기 십상이다. 전날 저녁식사로

짬뽕을 먹었지만, 억지로 끌려간 짬뽕집에서 적당한 연기를 펼친다. 아주 오랜만에 먹는 것처럼, 맛있어 죽겠다고, 그렇게…. 나는 이렇게 노력하는데 팀장은 점심시간까지 사람을 괴롭힌다.

"참! 하루 씨! 어제 말한 기획안 다 끝냈어? 내일 아침까지 전략팀 보내줘야 하는데… 어떻게 쓰고 있어? 설명 좀 해봐."

아니, 이럴 거면 왜 근무시간은 8시간이라고 뻥을 쳤냐고 채용 담당자에게 따지고 싶다. 점심시간도 회식도 근무의 연장이라면, 근무시간으로 인정해 달라! 강력히 외치고 싶지만 파견직 계약 연장에 마이너스가 될 것 같아 침묵한다. 그저 점심식사 후 거울을 보며 분노의 양치질을 하는 것이 나름의 화풀이 노하우다.

# # #

"하루 씨. 혼자 밥 먹는 거 심심하지 않아? 사람이 너무 부지런해도 문제야, 문제!"

점심시간에 도시락으로 혼밥을 먹겠다고 선언한 뒤로 팀장은 내게 이틀에 한 번 꼴로 저런 말을 던졌다. 사실 나도 처음에는 고민이 됐다. 점심시간이 회사 사람들과 가까워질 수 있는 유일한 시간이니까. 그래서 도시락을 일주일에 세 번 정도만 싸가기로 했다. 물론 밥을 어떻게 먹건 개인의 자유지만, 도시락을 가지고 출근하기로 결심했을 때는 팀장이 신경 쓰였다. 그래서 팀장이 나의 결정을 제재하지 못하도록 팀원들이 모여 분위기 좋게 수다를 떠는 순간을 공략했다.

"요즘 살이 너무 쪘어요. (한숨 3번 쉬고) 저 당분간 도시락이나 좀 싸서 다니려고요."

물론 내가 점심시간에 따로 이탈하겠다는 메시지를 날렸을 때, 팀장이 긍정적으로 받아들인 건 아니다.

"하루 씨. 운동을 해, 운동을! 내가 하루 씨 도시락 며칠이나 싸오는지 두고 보겠어!"

일주일에 3번, 나는 도시락을 들고 회사로 출근한다. 점심시간이면 텅 빈 사무실에 홀로 남아 '혼밥'을 하는 것이다. 조용한 공간에서 듣고 싶은 음악을 듣거나 바빠서 보지 못했던 드라마나 책을 보면서 나의 속도에 맞춰 밥을 먹는다. 시간이 넉넉하게 남을 땐 산책도 다녀온다. 개인의 취향에 따라 다르겠지만, 난 이런 잠깐의 이탈이 좋다.

눈치 보며 회사에 싸들고 가는 도시락의 장점

1. 시간이 절약된다.
흡연자들 기다리고, 메뉴 정하고, 이동하는 시간이 모이면, 한 달에 책 한 권 정도를 읽을 수 있다. 영화도 여러 편 볼 수 있고, 부족한 잠도 채울 수 있다.

2. 돈이 남는다.
구내식당이 없는 경우 점심 값이 부담된다. 요즘 먹을 만한 음식은 8,000원 정도는 한다.
도시락을 싸가면 한 달에 10만 원 정도의 용돈이 남는다.
남는 돈은 나를 위해 쓴다. 책도 사고, 옷도 사고, 디저트도 먹고, 영화관도 간다.

3. 팀장과 상대하는 시간이 줄어든다. 이것만으로도 혼밥은 충분히 가치 있는 일이다.

합격의 조건 하나 : 미혼이거나 슈퍼우먼이거나

군이 로봇에게 일자리를 빼앗기지 않아도 '나의 정년은 빨리 오겠구나' 싶었다.

"결혼했어요?"

"아이는요?"

"임신 계획은 있어요?"

세 번째였다. 토씨 하나 다르지 않은 이런 질문에 답해야 하는 일이.

"했습니다."

"없습니다."

"있습니다."

물론 다른 이유도 있겠지만 저렇게 대답하면 화기애애하던 분위기가 좀 근엄해졌다. 이런 타이밍에 이런 말을 하는 면접관도 꼭 있다.

"우린 오래 같이 일할 사람을 뽑고 싶어요."

# # #

처음에는 억울했다. 사회는 결혼을 부추기는데, 회사는 기혼자를 달가워하지 않는다. 어쩌자고 이러는 걸까. 누군가를 붙들고 따지고 싶은데 정확히 누구의 잘못이라 말할 수 없어 답답했다.

나는 지인의 추천으로 2번, 헤드헌터의 추천으로 1번, 총 3번의 면접 후 이직을 포기했다. 기혼자니까. 임신을 계획 중이니까. 거짓말하기 싫으니까. 그래서 지금 다니는 회사에 눌러 앉기로 했다. 이것도 언제까지 가능할지 모르겠다. 그렇지만 일단은 이렇게 있기로 했다.

"다른 사람이 대체할 수 없는 능력을 만들어봐."

누군가는 이렇게 조언했다. 그럴수록 더 죽을힘을 다하라고. 나는 내 직업이 좋다. 그리고 일하는 것도 좋다. 그래서 일할 때 최선을 다하고, 늘 노력한다. 업무 스킬을 위한 공부와 활동도 빼놓지 않는다. 그런데 여기서 죽을힘을 다하면 진짜 죽는 건 아닐까? 이런 경우 더 절실히 필요한 건 능력이 아니라 포기가 아닐까?

이런 이야기가 그저 나약한 핑계일 뿐이라고, 보란 듯이 증명하는 선배도 있었다. 그녀는 결혼 후 임신 막달까지 열심히 일했다. 출산 휴가 후에는 바로 복직해서 활기차게 일을 시작했다. 게다가 회식과 야근도 이런 건 미리 말해주세요. 이딴 회사에 지원하는 시간을 아낄 수 있도록.

마다치 않았다. 퇴근 후에는 집안일과 육아를 병행했다. 그 선배는 남자 동료들보다 승진이 빨랐고 여전히 회사에 잘 다니고 있다. 그래서 남자 여자 할 것 없이 모두가 그녀를 이렇게 부른다. 슈.퍼.우.먼.

선배는 사람들의 칭송과 칭찬에 멋쩍은 미소를 보내며 말한다. 후배와 미혼인 친구들에게 이렇게.

"인생에서 결혼이 꼭 필요한 건 아닌 것 같다."

# # #

나도 '슈퍼우먼'이 되어야겠다고 결심한 적이 있었다. 그때는 그랬다. 내가 사는 현재와 다가올 미래, 그 모든 순간에 아무것도 잃고 싶지 않았다. 결혼을 선택한 건 나니까. 일과 가정, 그리고 내 자존심까지 다 지켜내고 싶었다. 임신과 육아로 퇴사한 상사와 선배를 만날 때면, 그들의 편안한 미소를 보면서 이런 생각도 했다. '다시는 돌아올 수 없는 강을 건넜구나.'라고. 육아로 회사를 그만둔 후 본인이 하던 일로 재취업한 선배들이 거의 없었으니까.

하지만 나는 금세 포기하게 됐다. 임신도 하기 전에 지쳐버렸다. 집안일을 남편과 야무지게 나눴지만, 야근과 주말 근무를 하는 탓에 집안일은 금세 '장애물'이 되어버렸다. 게다가 결혼 후 2년, 지금까지도 우리 부부에게 '임신 소식'은 없다. 한때는 아이를 낳는 것이 '나라에 노동 인구'를 채워주는 거라는 부정적인 생각도 했지만, 최근에는 임신 때문에 스트레스를 받는다. 근데 직장 상사는 툭하면 묻는다.

"아이는 언제 낳으려고?"

상사는 오지랖으로 나의 속을 뒤집으면서도 불필요한 야근과 회식에 참여할 것을 강요했다. 지금도 이런데 아이까지 두고 이 모든 걸 다 할 수 있을까? 난 절대 슈퍼우먼이 될 수 없단 사실을 확인했다.

\# \# \#

면접을 봤던 세 군데 회사가 모두 기혼자란 이유로 '불합격'을 통보했을 거라 생각하진 않는다. 하지만 수많은 경쟁자 중에 '임신을 준비하는 기혼자'가 '취업이 간절한 미혼'보다 더 높은 점수를 받긴 어려운 현실이라 믿는다. 아무리 이기적이라도, 굉장히 넉살이 좋아도, 기혼자이기 때문에 어쩔 수 없이 회사에 배려를 구하는 일은 쉽지 않으니까. 서로 불편하긴 마찬가지다.

그래서 나는 결심했다. 슈퍼우먼이 되지 않기로. 매일 6시에 일어나 아침밥 먹고 출근하고, 출근길에는 책을 읽거나 영어 공부를 하고, 회사에서는 열심히 일하고, 퇴근 후 가끔은 업무 관련 강의를 듣거나, 야근하거나, 회식에 참여하고, 집에 돌아와서는 집안일을 하고, 약간의 휴식을 위해 텔레비전을 보며 잠드는 일상. 아직 아이가 없더라도 기혼 직장인의 일상 패턴은 비슷할 것 같다. 어떤 사람들은 아직 부족하다고, 더 노력하라고 말한다. 하지만 난 이미 최선을 다해 열심히 살고 있다.

그러니 '슈퍼우먼'이 되지 못했다고 스스로를 채찍질할 필요는 없다. 부끄러울 것도 없다. 빠듯한 일상에 조금 지쳐 있는 우리는 '슈퍼우먼'

은 아닐지언정 '성실한 우먼'이긴 하니까. 됐다. 충분하다. 고민을 접자. 두통 나게 고민하는 대신 '행복한 대안'을 찾는 거다. 직장인이 아니라도 충분히 자존감을 가질 수 있는 그런 건강한 생각과 대안. 그게 필요하다. 그래서 지금 우린 이러고 있지 않는가. 나는 글을 쓰고, 당신은 글을 읽고….

두 달 전, 한 교육 회사에 면접을 봤다. 이곳은 결혼과 임신 계획은 물론 남편의 직장까지 캐물었다. 그 후 "주말 출근과 야근이 가능하냐?"고 확인한 후 이런 식상한 대사를 날렸다.

"우린 오래 같이 일할 사람을 찾아요. 아시죠?"

이날은 불합격을 작정하고 "마지막으로 할 말이 있냐?"는 면접관에게 이렇게 말했다.

"일 잘하는 사람은 비전 없는 회사를 선호하지 않습니다. 원하는 사람을 뽑으시려면, 일단 이런 식의 면접보다는 회사의 업무 환경을 개선하시는 게 어떨까요?"

합격의 조건 둘 : 듣고 싶은 대답해주기

퇴사를 고민했지만 이직을 고려하진 않았다. 그래서 가끔 날아오는 헤드헌터의 이직 제안에 이력서를 보내지 않았었다. 뻔한 과정이 싫었다. 기대하고, 실망하고, 그러다 지치고. 나는 왜 여기에 있을까, 이게 진짜 내 인생일까, 이렇게 계속 살아가도 될까. 무엇보다 어떤 회사를 가더라도 결말이 크게 다르지 않을 것 같았다.

그러나 최근 회사의 무리한 업무를 버텨내기 힘들어지면서 틈이 간절해졌다. 돈을 벌면서 돈이 생기지 않는 일을 할, 그런 틈.

"우리 회사 채용공고에 지원해주셨으면 합니다."

한 회사에서 이직을 제안해왔다. 헤드헌터가 아닌 본사 인사팀에서 직접. 좀 의외라는 생각이 들었지만 마음의 동요는 없었다. 그런데

"인사팀에서 직접 채용 사이트와 인터넷을 검색해서 지원해주실 분들을 선정했습니다." 란다.

응? 이런 경우도 있나? 싶었다. 규모가 큰 회사는 채용공고만 내도 많은 지원서를 받을 수 있을 텐데. 이유가 뭘까.

"알아보니까, 글 쓰고 콘텐츠 만드는 분들이 이직도 많고, 또 경력이 있는 분들은 회사로 매일 출근하는 걸 선호하지 않더라고요. 그래서 저희와 맞는 경력을 가진 분들을 직접 찾아서 연락드렸어요. 오시게 되면 일주일에 2~3일만 출근하는 시간 선택제로 일하셔도 됩니다."

다른 거 다 떠나서 '2~3일'이란 말이 내 귀 안에서 폭죽처럼 터졌다. 야호! 어쩌면 틈을 만들 수 있을지도 모른다. 돈을 벌면서 돈이 되지 않는 일을 할, 그런 틈.

앞에서 얘기했지만 최근 회사의 업무 강도가 세졌다. 내가 일하는 팀에 업무를 지시하는 부서의 부장이 바뀌면서부터다. 본인은 오전 9시에 출근해서 오후 6시에 퇴근한다. 그러나 파견직 부서에는 오후 4시 30분, 오후 5시, 심지어 연차를 쓴 날에도 "당장 내일 오전까지 부탁해요."라는 말과 함께 업무를 던진다. 사람은 적응의 동물이 분명했다. 처

음에는 "미안해요."라는 말이라도 하더니 갈수록 당연한 상황으로 여겼다. 점점 주말에도 집에서 일하는 날이 많아졌다. 그렇지만 항의하는 것이 머쓱할 정도로, 같이 일하는 사람들 모두가 점차 이런 방식을 자연스럽게 받아들이고 있었다. 그래서 퇴사를 고민하게 된 것이다.

# # #

이직 제안을 받은 날. 퇴근하고 집에 돌아와 묵혀놨던 이력서를 꺼냈다. 몇 가지 내용을 수정하면서 기분이 좋아졌다. 그 회사로 이직하고 난 후를 상상했다. 만약 3일만 출근하게 된다면, 나머지 2일은 무엇을 할까? 사방에 책이 널린 도서관과 서점에 가고, 빈 좌석이 가득한 평일 극장을 즐기고, 사라진 굴곡을 찾는 운동을 하고, 가끔은 친구들을 만나야지. 자유롭게 시간을 쓸 수 있는 평일이 생긴다면…. 정리된 이력서를 인사팀 담당자에게 보냈다. 그러자 갑자기 행복지수가 높아지는 느낌이 들었다.

"축하합니다. 최종 면접만 보면 되겠네요."

얼마 후 서류와 포트폴리오가 통과됐다는 연락을 받았다. 면접이 남았지만 벌써 합격한 것만 같았다. 그러면서 혼자 '이런 퇴사 스토리 참 괜찮네!' 싶었다. 비교적 '해피엔딩'에 속하는 퇴사니까. 기계처럼 이용되는 것이 불만이던 비정규직 직원은 다른 회사로 가고, 하나의 도구를 잃은 것뿐인 회사는 돈으로 다시 도구를 구하면 되는 일이니까. 누구도 피해 보는 사람이 없다. 이보다 더 나은 그림이 있을까? 나는 이렇게 혼자서 온갖 종류의 김칫국물을 마시고 있었다. 이런 상상이 김칫국물이란 사실은 면접장에서 깨달았다.

최종이라던 면접에는 나를 포함해 8명이 넘는 사람들이 있었다. 그때서야 정신이 번쩍 들었다. 하긴 회사 차원에서는 이것이 더 합리적이었을 것이다. 많은 사람 중에 조금이라도 더 자신들과 맞는 사람을 뽑는 것. 이것이 당연한 절차란 거 이해한다. 그렇지만 연차를 쓰고 1시간 넘게 지하철과 버스를 타고, 발가락이 아픈 하이힐을 굳이 꺼내 신었던 나는 실망감을 감출 수 없었다. 뭐랄까, 썸 타던 남자에게 어장 관리당한 사실을 알게 된 기분이랄까?

갑자기 왜 그랬는지 모르겠지만, 나는 이 회사와 인연이 닿지 않을 거란 예감이 들었다. 그래서일까? 순식간에 무거워졌던 마음이 또 순식간에 깃털처럼 가벼워졌다. 마음에 없는 말로 잘 보이려 하지 말고, 할 수 없는 걸 하겠다고 얼버무리지 말고, 지나친 요구에 고민하지 말자. 어차피 이렇게 된 것. 회사가 본인들 손으로 찾아낸 많은 지원자들을 재고 따질 때 나도 좀 이 회사에 대해 평가해보자. 편안한 마음으로 면접장에 들어갔다.

# # #

"5일 출근이 기본이지만, 원한다면 2~3일 출근하는 시간제도 선택 가능합니다. 어떤 형태로 일하고 싶으세요?"

"3일 정도 출근하는 시간제 근무를 선택하고 싶습니다."

"처음에는 할 일이 좀 많을 수도 있어요. 어떻게 하시겠어요?"

"당연히 제가 해야 할 업무라면 해야죠."

"3일 정도 출근해서 괜찮겠어요?"

"회사에 대해 알아가고 공부하려면 좀 빠듯할 수 있지만, 이런 경험이 충분하기 때문에 잘 조절해서 할 수 있습니다."

"우린 참신하고 새로운 걸 원해요. 힘든 일이 될 수도 있는데, 3일로 가능할까요?"

"최선을 다 해야죠. 한 가지 말씀드리면, 참신하고 새로운 건 회사 책상에 오래 앉아 있다고 해서 '툭' 하고 나오는 건 아닌 것 같습니다. 3일은 짧지만 다양한 기획을 제안할 자신이 있습니다."

면접관은 총 3명. 그중 직급이 가장 높은 임원으로 짐작되는 중년의 남자는 내가 대답할 때마다 미간을 찡그렸다. 아마도 "상황이 그렇다면 우선적으로 5일 모두 출근하겠습니다." 같은 대답을 원했는지도 모르겠다. 아니, 원했다. 그렇지만 마음에도 없는 말을 던지고 싶지 않았다. 전에도 잘 보이려고 던졌던 말 때문에 '3일 출근'이란 채용공고를 냈던 회사에 들어가 그만둘 때까지 '5일 출근'을 했기 때문이다. 합격하고 싶은 마음이 컸지만, 반복하고 싶지 않은 마음이 더 컸다. 그래서 더욱 더 솔직해야 했다.

# # #

3일 뒤 메일이 도착했다. 정중한 문장들로 채워진 불합격 소식이었다. 마지막은 '면접에서 보여주신 경험과 전문성, 그리고 넘치는 열정에 다시 한 번 감사드립니다.'라는 글로 마무리되어 있었다. 나는 그 부분을 읽고 또 읽었다. 도대체 왜? 경험, 전문성, 넘치는 열정을 봤는데, 왜 나를 불합격시켰지?

불합격 메일을 받은 날, 또 갑작스럽게 던져진 업무로 새벽까지 일했다. 그리고 다음날 평소와 마찬가지로 아침 9시에 출근했다. 굉장히 피곤한 상태였지만 정신은 그 어느 때보다 맑고 선명했다. 가만히 앉아서 이것이 내 인생의 몇 번째 불합격인지 헤아렸다. 하나, 둘, 셋…. 기억을 더듬으며 손가락을 하나둘 접다가 금세 포기했다. 어차피 셀 수 없이 많으니. 그냥 '100번째 불합격'으로 결론을 내렸다.

후회 없이 할 말을 다 했지만, 어찌 되었건 불합격의 맛은 늘 그렇듯 가루약처럼 쓴맛이 나며, 그 맛은 물로 헹궈도 바로 사라지지 않고, 여운을 남긴다. 그리고 그 여운과 함께 남은 궁금증. 과연 최종 합격자는 일주일에 몇 번을 출근하겠다고 했을까?

마지막 순간 대표님이 고마워한 사람

    M회사에서 일할 때였다. 나는 파견직치고는 회사 대표를 만나 진행하는 업무가 좀 있는 편이었다. 실명을 거론할 수 없으니 그분을 P대표라 하겠다. 가끔 P대표의 스피치 라이터가 바쁠 때면 내가 연설문을 작성했다. 인터뷰 촬영장에서는 대표가 원고를 편하게 볼 수 있도록 프롬프트 앞에 앉아 일하기도 했다.

    그 전에도 특정 업무를 진행할 때는 가까이에서 회사 대표와 일한 경험이 있었다. 크고 작은 회사에서 다양한 스타일의 대표들을 가까이에서 보면서 느낀 건, 다들 또렷한 카리스마를 지녔다는 것이다. 어떤 대표는 무표정과 낮은 음성을 유지하는 탓에 직원들이 늘 긴장했다. 또 어떤 대표는 약간의 유머를 겸비한 쾌남이었지만, 화가 나면 쩌렁쩌렁 쏘아붙이는 탓에 직원들이 무서워했다.

P대표는 부드러운 카리스마를 지녔는데, 지나치게 세심하여 직원들의 호불호가 갈렸다. 세심하게 챙겨줘서 좋다는 의견과 지나치게 꼼꼼하게 검토해서 피곤하다는 의견이 있었다. 그러나 전체적으로는 긍정적인 의견이 더 많았다.

나도 P대표에 대해 긍정적인 사람 중 하나였다. 월급쟁이 대표가 15년 넘게 한 회사를 이끌며 성장시켰다는 건 무시할 수 없는 능력과 열정의 증거였다. 그리고 무엇보다, 모든 직원에게 고개를 숙여 인사하는 모습이 늘 인상적이었다. 가끔은 카페테리아에서 청소하는 여사님에게도 고개를 숙여 먼저 인사하고 짧은 안부를 물었다. 본사에만 400명이 넘는 직원이 근무하고 있었으므로 타고난 성품이 아니라면 오랜 시간 유지할 수 없는 태도였다. 겨우 50명도 안 되는 회사의 대표도 직원의 인사를 잡초처럼 밟고 지나가는 경우를 많이 봐왔던 탓에 더욱 그렇게 느꼈는지도 모르겠다. P대표는 파견직인 내게도 똑같았다. 일이 시작될 때는 먼저 "반가워요. 잘 부탁해요."라고 말했고, 일이 끝나면 "고생했어요. 고맙습니다."라고 말하며 고개를 숙였다.

P대표는 M회사에 근무한 지 16년이 되던 해에 퇴임했다. 당시 퇴임식을 위해 몇몇 부서가 무척 바빴는데, 내가 일하는 팀도 그중 한 부서였다. 나는 이벤트 기획 관련 업무를 진행했다. 깜짝 이벤트를 위해 직원들의 인터뷰를 맡았다. 대표님은 어떤 리더였는지, 특별한 추억이나

기억이 있는지, 그리고 마지막으로 대표님에게 전하고 싶은 메시지는 무엇인지. 상투적인 질문과 답변을 받아서 자료를 정리했다. 내게도 P 대표는 '꽤 근사하고 괜찮은 대표님'이었지만, 퇴임식에 대한 특별한 감정이나 아쉬움은 없었다. 어차피 나는 프리랜서로 일하는 파견직일 뿐이었으니까.

# # #

드디어 퇴임식 날이 왔다. 회사의 모든 직원이 대강당에 모였다. 처음에는 특별한 이벤트를 만들자고 입을 모았었지만, 보수적인 회사의 결과물은 결국 뻔해진다. 퇴임식도 그랬다. 대표를 소개하는 영상, 직원들의 감사 메시지를 담은 영상, 직원의 공연, 대표와 마지막 토크쇼, 그리고 꽃다발과 감사패를 전달하는 것으로 끝나는 행사였다. 나는 구석 자리에 앉아 행사가 진행되는 모습을 지켜봤다.

마지막으로 대표에게 꽃다발과 감사패가 전달되는 순간이 되었다. 사회자는 P대표에게 소감을 물었다. 그러자 P대표는 회사에 닥친 위기를 함께 이겨냈던 기억, 일 때문에 바빴던 가족에 대한 미안함 등 자신의 얘기를 진솔하게 풀어나갔다. 그러다 끝나갈 때쯤 이런 말을 꺼냈다.

"오늘 이 뜻깊은 자리에서 저의 16년 회사 생활에서 가장 감사했고 고마웠던 두 분을 소개하고 싶습니다."

나는 심드렁하게 대표 얘기를 듣고 있었다. 아직 대주주나 다른 임원들의 이름이 언급되지 않았으니 이제 그 타이밍이구나 싶었다. 그런데 P대표가 긴 호흡 후 입술을 꽉 물고 소개한 사람들은 예상 밖이었다.

"먼저 제가 시간을 잘 사용할 수 있도록 헌신적으로 도와주신 김 실장님, 늘 감사했습니다. 덕분에 제가 16년간 열심히 일에 집중할 수 있었습니다."

김 실장님은 오랜 시간 P대표의 비서로 일한 분이었다. P대표는 허리를 숙여 인사했고, 실장님은 감정을 주체할 수 없었는지 자신의 두 무릎 사이에 얼굴을 묻어버렸다.

이 순간 내 코끝도 시큰해졌다. 그러나 이때까지도 그래 뭐, 그럴 수 있겠지 싶었다. 허리를 다시 편 P대표가 말을 이었다.

"다음은 제가 가장 존경하고 감사했던 분인데요…."

드디어 대주주나 유명 인사가 나올 차례구나! 싶었다. 그런데

"16년간 늘 새벽부터 부지런히 집 앞에 와주셨던, 남 선생님!"

객석의 직원들이 웅성거리기 시작했다. '남 선생님'이 누군지 몰랐기 때문이다. 그때 가장 구석 자리에서 누군가 일어섰다. 그는 P대표의 운전기사였다.

"늘 저보다 부지런히 움직여주시고, 저를 대신해서 운전해주시고, 언제나 따뜻한 미소로 저를 대해주셔서 존경스럽고 감사했습니다. 선생님이 계셨기에 제가 이렇게 회사를 이끌 수 있었습니다."

P대표는 좀 전보다 더 허리를 숙여 인사했다. 기사님이 앉아 있던 자리는 조명조차 비추지 않는 가장 구석 자리였다. 그래서 남 선생님의 얼굴과 표정을 확인할 수 없었다. 하지만 뭔가 미세하게 반짝했던 것으로 보아 눈물을 흘린 게 아닐까 싶다. 아무 관련도 없는 내가 펑펑 울다가 착각한 건지도 모르겠지만.

성공을 맛보지 못해 감히 느껴본 적은 없지만, 사람이 성공하여 높은 곳에 안착하면 감각과 판단이 마비되어 버린다고 한다. 이유는 모든 사람이 자신이 원하는 말과 행동만 해주기 때문이란다. 그래서 진심으로 내 옆에 있어주는 가까운 사람은 보이지 않는다. 하찮고 작은 일에 최선을 다하는 사람들로 인해 자신의 내일이 더욱 나아질 수 있다는 것도 잊어버리게 된다. 이런 대표가 있는 회사는 직원의 퇴사율이 높지만, 대표는 원인을 모른다. 왜 그런지.

보이지 않는 사람의 노고도 생각해보고, 그들에게 고개 숙여 "고맙다."고 말했던 P대표님은 단언컨대, 내가 만난 대표님 중 가장 품위 있는 CEO다.

Episode 3.

B정규직이
만났던
헬사원

말하면 안 되는 이유

지난주 화요일. 퇴근 시간이 다가올 때쯤,

오랜만에 생기를 찾은 막내가 히죽거리며 말했다.

"오늘 퇴근하면 일주일 동안 회사 안 나오네요? 꺅! 좋다!"

그렇다. 지난주 화요일은 5월 2일이었고

우리 부서는 4일과 8일 모두 휴가를 쓰기로 해서

7일이란 황금 연휴가 주어졌다.

여름 휴가도 아닌데 일주일이나 회사에 출근하지 않는다니!

황금 연휴에 더 바쁜 직장인 동지들에게는 미안하지만

이렇게 외치고 싶었다.

나.는.자.유.인.이.다.

그러나

모든 직장인들이 황금 연휴를 반기는 것은 아니다.

회사의 노예로 지내며 자유를 만끽하지 못했던 이들에겐

오히려 불안한 기간이다.

우리 팀 임 차장이 그렇다.

그는 막내의 신남이 못마땅했는지 까칠하게 받아쳤다.

"막내 씨! 너무 좋아한다? 내 얼굴 보기가 싫어?"

순간 정적이 흐르고,

사무실 천장에는 가상 세계에서 날아온

까마귀 몇 마리가 억세게 울어댔다.

까악. 까악. 까악.

당황한 막내가 시선을 바닥으로 내치더니 오물거리며 입을 열었다.

"아니… 그게 아니고요…."

"그럼 뭔데? 응? 나는 사무실을 너무 오래 비워두는 게 불안해 죽겠는데, 너무 좋아하는 거 아냐? 그리고…."

왜 그랬을까. 전날 새벽까지 일한 탓에

환각 증상으로 현실 감각을 잃었던 나는 '그래도 상사'인 그의 말을 가로챘다.

"에이, 차장님! 저도 좋은데요?"

차장은 매서운 눈빛으로 나를 쏘아보며 말했다.

"뭐가 그렇게 좋은데? 요즘 물가도 비싸서 여행 가기도 힘든데 뭐가 그렇게 좋아?"

멈춰야 했다.

그러나 정신이 몽롱했던 나는 술주정 같은 잠투정을 부렸다.

"휴가 땐 안 봐도 되고 좋잖… 헉!"

"뭐? 누굴 안 봐서 좋은데? 응?"

차장의 격앙된 목소리 톤에

나는 잠에서 깨어나 현실로 돌아올 수 있었다. 무척 늦었지만 말이다.

"그냥… 우리 모두? 서로, 가끔은 떨어져봐야 소중함을 알잖아요. 아하하하하."

공포 영화를 보면,

쓸데없는 대사를 남발하고

혼자 튀는 행동을 하는 인물들은

꼭 가장 먼저 죽음을 맞이한다.

회사도 공포 영화와 같다.

쓸데없는 대사를 남발하고

혼자 튀는 행동을 하면

상사에게 가장 먼저 미움을 받게 된다.

연휴 동안 기도했다.

차장아! 제발 내가 한 말 까먹어라. 잊어라, 잊어라.

까마귀 고기를 좀 먹어라, 하면서….

순식간에 일주일이 지나갔다.

아침에 차장을 만난 나는 그 어느 때보다 반가운 척했다.

"하하하! 잘 쉬셨어요? 얼굴이 좋아지셨네요."

그러자 차장이 나를 빤히 쳐다보며 말했다.

"이제 좀 소중함이 느껴져?"

글을 작성할 당시에는 차장의 신변 보호(?)를 위해 팀장이라고 썼었다. 그런
데 내가 쓴 대부분의 글에 팀장이 너무 나쁘게 등장하더라. 물론 좋은 사람은
아니지만, 그래도 안 한 건 안 한 거니까.
늦었지만 이번 에피소드의 주인공이 임 차장임을 밝힌다. 아니 정정한다. 내
가 지금 이렇게 임 차장의 성까지 노출하며 솔직하게 이야기를 하는 이유는?
그가 퇴사했기 때문이다.
임 차장, 잘 지내지? 어때? 회사를 떠나니까 회사의 소중함이 좀 느껴져?

언젠가 한 번은 꼭 온다. 번아웃 증후군

"죽고 싶다는 생각은 누구나 하는 것 같아. 근데⋯ 자살을 부추기거나 막는 건, 아주 작은 사건에서 비롯된다고 생각해. 예를 들면, 자살을 망설이던 사람이 식당에 갔어. 일단 먹고 힘내보자! 하는 마음으로. 그런데 식당 아주머니가 주문받을 때도 짜증을 내고, 밥과 반찬을 놓을 때도 탁! 신경질적으로 놓는 거지. 어찌 보면 별 일 아니지만, 그는 그 일로 자살을 할 수도 있어. 아슬아슬 붙들고 있던 자존감이 그 반찬 놓는 소리와 함께 탁! 끊어졌거든.

반대의 경우도 있어. 이번에는 자살을 실행하려는 사람이야. 드디어 자살을 실행하기로 한 날. 하얀 실크 잠옷을 입고 침대에 누웠어. 그동안 열심히 모아둔 100알의 수면제를 먹고 평온한 죽음을 맞이하기로 한 거지. 그런데 그날따라 옆집 부부가 시끄럽게 싸우는 거야. 죽으면 그만이긴 한데, 그 소음을 도저히 참을 수가 없는 거야. 너무 화가 나서 옆집에 찾아가 그 부부와 싸웠어. 그리고 집에 돌아왔는데 갑자기 상쾌한 기분이 드는 거야. 그래서 일단 자살을 미루기로 하는 거지.

사람 감정이란 게 그래. 큰 사건으로 충격과 상처를 받거든? 근데 의외로 작은 사건으로 완전 무너지거나 깨끗하게 회복되기도 해."

궤변처럼 들리는 이런 말을 왜 하는 거지? 싶을 거다.

이건 오랜만에 만난 지인들과의 대화를 함축한 내용이다. 지인들과 내가 이상한 모임의 사람들은 아니다. 그저 시나리오 작가를 꿈꾸는 한 친구가 "나 요즘 자살을 주제로 글을 쓰고 있어!"란 말에서 시작된 대화였다. 얘기가 삼천포로 빠지다 보니 저 지점까지 갔던 거다. 처음에는 모임의 분위기와 어울리지 않는 주제라 불편한 느낌이 들었다. 그래서 계속 화제를 바꾸려고 했으나 사람들은 더 깊게 대화를 이어갔다.

# # #

"몰라. 딱 죽고 싶어."

회사 때문에 스트레스를 받는다던 동생이 내게 말했다. 힘들어서 죽고 싶다고…. 안다. 그만큼 힘들다는 비유적인 표현이란 거. 하지만 걱정이 됐다. 언제부턴가 전화가 올 때마다 힘들어서 죽고 싶다고 말했으니까.

사실 그 동생은 10년 차 직장인으로 산전수전부터 공중전까지 다 견

며낸 인내심의 달인이었다. 그랬던 그녀가 어느 순간부터 회사에 출근만 하면 극심한 스트레스와 우울증이 밀려와 힘들다고 했다. 6개월 넘게 고통을 호소하던 그녀는 결국 퇴사했다. 차라리 잘됐다고 생각했다. 그러나 몇 달 후 전화가 와선

"언니, 나 심리 상담 신청했어. 이거 언니한테만 말하는 거야."

라고 말했다. 그러면서 내 도움이 필요하다고 했다. 가까운 지인이 봤을 때, 자신이 어떤 사람인지 대답해 달라는 것이다. 자신의 문제점이 무엇인 것 같은지, 평범하지 않은 습관이나 행동은 무엇인지. 그녀는 많은 질문을 했는데, 사실 떠오르는 것이 많지 않았다. 그녀가 퇴사 후에도 심리 상담을 받을 정도로 불안했던 이유는 무엇일까?

"퇴사 후 스트레스는 사라졌는데, 아무런 의욕이 생기지 않더라. 점점 쓸모없는 인간이 되어가는 것 같기도 하고…. 내가 이렇게까지 감정이 말랑거리는 사람이었나 싶어. 왜 이렇게 힘든지 모르겠어. 아무것도 못하겠어. 딱 죽고 싶다."

동생은 첫 심리 상담에서 의사에게 어릴 적 이야기부터 결혼하기 전까지의 인생 스토리를 털어놨다고 했다. 그때 놀란 건 얘기하다 보니 잊었다고 생각했던 아주 사소한 일들도 마구 튀어나왔다는 거다. 그런데 생각나는 이야기를 모두 털어놓고 나니 이상하게 마음이 가벼워졌다고 했다.

"9년 전인가? 한 달 넘게 야근하면서 준비했던 프로젝트가 있었어. 결과가 좋지 않으니까 사수가 모든 일의 책임을 신입사원인 나한테 떠

넘긴 적이 있었거든? 잊고 있던 그 일까지 떠올랐다니까."

두 번째 상담을 갔을 때 의사는 '번아웃 증후군'이라고 했다. 그녀의 의욕과 에너지가 모두 탈진된 상태이기 때문에 힘들고 아픈 거라고 진단했다. 동생은 의사의 말이 이해되지 않으면서 이해할 수 있을 것 같은 이상한 기분을 느꼈다. 어쩌면 이 상태에서 벗어날 수 있을 것 같은 희망이 생겼단다.

# # #

나도 그녀와 비슷한 증상을 겪은 적이 있었다. 평소라면 하루에 끝낼 수 있는 일을, 이틀 넘게 붙잡고 앉아서도 끝내지 못했다. 그때 우울감이 심각해서 출근하는 버스에서 자살까지 생각한 적도 있었다. 회사와 집에서는 사소한 일에도 불같이 화를 냈는데, 어떤 날은 상사의 잔소리에 대꾸하다가 울어버리기도 했다. 첫 문단에 쓴 대화 내용처럼 뭔가 나를 톡 건드리면 큰일이 생길 것만 같았다.

결과적으로 나를 톡 건드린 사건이 벌어졌다. 지방 출장을 갔다가 날씨가 좋지 않아 모든 스케줄이 취소된 날이었다. 종일 아무것도 먹지 못해 근처 시장의 허름한 가게에서 멸치국수를 먹었다. 다 먹어갈 때쯤 주인장 할머니가 말도 없이 국물과 면을 툭! 내 그릇에 부어버렸다. 그리고는

"서비스야. 사리 추가는 돈 안 받을 거니까 필요하면 말해. 또 줄 테니까. 젊은 아가씨가 얼굴이 왜 그렇게 아파 보인대? 옛날 사람들은 못 먹어서 아팠는데, 요즘 사람들은 잘 먹어도 아파. 그래서 더 안쓰러워.

그래도 맛있는 음식만 한 보양식이 없으니까. 든든하게 먹어."

할머니의 말에 나는 톡! 나를 단단하게 묶어놨던 어떤 실이 끊어지는 느낌을 받았다. 그리고 우울증과 스트레스가 조금씩 나아질 것 같다는 이상한 확신이 들었다.

몇 년 후, 친구 결혼식이 있어 국수를 먹었던 지방에 갔었다. 그때 주인 할머니에 대한 기억이 선명해 다시 그 가게를 찾아갔으나 위치가 정확히 기억나지 않아 한참을 헤매다, 열차 시간 때문에 서울로 그냥 올라왔었다.
설마… 어떤 괴담처럼 귀신의 집에 갔던 건 아니겠지.

아빠의 출근

"우리 아빠 커밍아웃했어!"

"응?"

"커.밍.아.웃."

이럴 때는 어떤 대답을 해야 할까? 대화 사이의 공백을 못 견디는 나지만, 이번에는 쉽게 입이 떨어지지 않았다. 화두를 던진 친구는 눈을 동그랗게 뜨고 내 대답을 기다렸다. 겨우 20초 정도가 흐른 것 같은데 참을성 없는 그녀가 먼저 침묵을 깼다.

"우리 아빠, 퇴직한 거 말했다고! 할머니, 할아버지, 모두한테!"

아, 잠시 잊었다. 그녀가 매일 글을 쓰는 직업을 갖고 있단 사실을.

가끔 지나친 비유법으로 여러 사람을 놀라게 했지만 이번처럼 센 적은 많지 않았다. 그러나 친구가 '아빠의 퇴직'을 커밍아웃이라 부른 건 적절한 표현이었다.

# # #

3년 전, 어두운 조명이 깔린 카페에서 친구가 털어놨다. 아빠가 2년 전에 회사를 퇴직했고, 그 후 1년간 다른 회사에서 계약직으로 일했다고, 근데 그 사실을 어제 알게 됐다고. 계약직마저 끝나 완벽한 실업자가 되었음에도, 지난 1년간 아버지는 평소와 똑같이 매일 출근했다고, 정말 가족 그 누구도 눈치 채지 못했다고. *끄덕끄덕*. 차분한 표정으로 친구의 작은 한숨까지 놓치지 않고 집중했다. 그러나 내 마음도 커피잔을 꽉 쥐고 있는 그녀의 손처럼 당혹스러웠다.

그녀의 아버지는 30년 가까이 한 회사에서 근무했다. 취업준비생이라면 한 번쯤 꿈꿔보는 대기업이었다. 수많은 경쟁자 속에서 빠른 속도로 승진했고, 해외 주재원에서 임원까지 두루두루 거쳤다. 밖에서는 능력 있는 샐러리맨이었고 집에서는 자상한 아버지였다.

이제 와 고백하면, 나는 그녀를 무척 부러워했었다. 대학 졸업 후 취업과 사회생활로 힘들었을 때는 더욱 그랬다. 나의 아버지와는 달랐으니까. 그녀의 아버지는 딸이 힘들다고 말하면, 본인의 경험을 곁들인 격려로 딸을 위로했다. 그러나 내 아버지는

"내가 널 너무 편하게 키웠나 보다. 어른이 됐으면 아파도 견디고, 슬

퍼도 참고, 싫어도 내색하지 말아야지. 착각하지 마라. 네가 세상의 중심이 아니라 세상의 중심에 네가 맞춰야 하는 거다."
라며 매몰차게 혼냈다. 나는 아버지가 단 한 번도 누군가의 직원인 적이 없기 때문에 쉽게 말하는 것이라 생각했다. 평생을 작은 사업장에서 '사장님' 소리만 듣고 살아온 아버지는 직장인의 영역을 이해할 수 없는 것이라 판단했다.

사실 두 아버지의 행동은 매우 달랐지만 마음은 같았다. 그건 자녀 스스로가 어려움을 극복하고 성장하길 바라는 마음이었다. 이렇게 당연한 것을 나는 꽤 시간이 흐른 후에 알게 됐다. 그러나 고맙다는 말을 전하기에는 좀 늦었다. 아버지들에게 힘든 시간이 찾아와 버렸으니까.
문제는 빠르게 흘러간 시간과 변화된 사회였다. 그래서 친구의 아버지는 회사를 퇴사했다. 아니 해야 했다. 성실하게 출근하여 누구보다 회사에 충성했고, 많은 성취들이 있었지만, 회사는 더 이상 그녀의 아버지가 필요하지 않았다. 물론 예상했던 일이다. 생각보다 일찍 벌어진 일이라 무척 놀랐을 뿐이지만. 친구의 아버지는 스스로도 받아들이기 힘든 일을 가족들에게 설명하고 싶지 않았다. 마음이 정리되면 말하려고 했는데 2년이란 시간이 걸릴지는 몰랐을 것이다.

# # #

가족에게 퇴직 사실을 알리던 날. 아버지의 표정은 덤덤해 보였다고 했다. 그러면서도 "할머니, 할아버지, 작은 아버지, 고모에게는 이 사실을 절대 알리지 말자."는 말을 3번이나 반복했다. 절대, 꼭이다, 알았지? 하는 식의 말들을 추가해서 말이다. 하긴 아버지가 30년간 지켜온 능력 있는 샐러리맨이란 타이틀은, 부모님의 기쁨이고 형제들의 자랑이었을 것이다. 정작 친구가 당황했던 건, 아버지의 다음 얘기 때문이었다.

"나는 내일도 같은 시간에 넥타이를 매고 집을 나설 거야. 걱정 마. 드라마에 나오는 아빠들처럼 공원에서 넋을 잃고 앉아 있거나 싸구려 식당에서 점심을 먹으며 구직 정보 신문을 보진 않을 거니까. 그동안 못했던 일들을 할 거야. 강의도 듣고, 운동도 하고, 봉사활동도 하면서 새로운 일에 집중할 거야. 너희들도 아빠가 출근한다고 생각해. 새로운 인생으로."

친구 아버지는 매일 아침 거울을 보며 단정하게 넥타이를 맨다. 그리고 7시 30분이면 현관문을 열고 어디론가 출근을 한다. 회사에 다닐 때와 다를 바 없는 규칙적인 일상이라 가족들은 가끔 아버지의 퇴직 사실을 잊어버릴 정도다. 그랬던 그녀의 아버지가 3년 만에 부모님과 형제들에게 "퇴직했다."는 사실을 털어놓은 것이다.

"내가 곧 결혼하잖아. 그래서 아빠도 솔직하게 이야기한 것 같아. 예식장에 손님들 오는 것도 그렇고. 예비 신랑도 이제 가족인데, 뭔가를 숨기고 있는 게 싫으셨겠지. 근데 우리 아빠 그렇게 커밍아웃하고도 여전히 매일 아침에 출근해. 에휴, 진짜 못 산다. 근데 한편으론 진짜 대단한 것 같아. 우리 아빠지만 말이야."

친구의 기분과 감정을 표현할 단어가 떠오르지 않았다. 그저 커피 잔을 부드럽게 보듬고 있는 그녀의 손을 보면서 짐작해볼 뿐이었다.

이 글을 쓸 때쯤, 대학 동문이 모여 있는 단체 카톡방에 장문의 메시지가 올라왔다. 나와는 학번 차이가 많이 나는 대선배였다. 그는 한 회사에서 15년쯤 근무했는데, 어느 날 갑자기! 팀이 해체된다는 통보를 받고 불과 한 달 사이에 상황에 떠밀려 회사를 퇴사하게 됐다고 했다. 선배의 메시지에 마음이 너무 먹먹해져서, 퇴근길에 놀이터에 앉아 메시지를 읽고 또 읽었던 기억이 난다. 어쩌면 우리에게도 곧 일어날지 모를 일. 선배의 메시지에서 가장 마음이 아팠던 부분만 공유한다.

(생략)
그동안 의리와 정으로 이곳에서 일해 왔습니다.
막연하게 언젠가 회사를 그만두겠지 생각했지만
불과 한 달도 안 되는 사이에 이런 일이 벌어져 충격이 옵니다.
(생략)
이왕 이렇게 된 거 잘 살아야 할 텐데
앞으로 어떤 일을 해야 할지 떠오르지 않네요.
그래도 인연이 닿은 여러분이 힘이 되어주지 않을까?
하는 염치없는 생각도 해봅니다.

우아한 도둑

내가 아는 사람 중에

'도둑질'로 먹고사는 사람이 있다.

나는 그 도둑과

자주 만나고, 자주 밥 먹고, 자주 연락하는 사이다.

그렇다고 친한 건 절대 아니다.

나는 그를 도둑이라 생각하고

사람들은 그가 도둑이라 쑥덕인다.

그는 남의 집 담장을 넘거나

가스 배관을 타고 올라가거나

오토바이를 타고 사람들의 가방을 노리는

그런 종류의 시시한 도둑이 아니다.

매일 아침 아내가 차려주는 따뜻한 밥을 먹고

번듯한 넥타이를 매고

2017년에 완공된 1,200세대의 브랜드 아파트에 살고

3,000cc 세단을 끌고 회사로 출근해서

향긋한 커피를 마시며

머리 받침까지 있는 편안한 의자에 앉아

저녁 6시까지 일하고 집으로 돌아가

아내와 저녁을 먹고

때로는 와인을 곁들이며 반신욕으로 피로를 풀고

'침대는 가구가 아니다'라고 광고하는 침대에 누워

하루를 마감한다.

그런데 왜 그가 도둑이냐고?

말하지 않았나! 그는 시시한 도둑이 아니라고!

그럼 무슨 도둑이냐고?

굳이 갖다 붙이면

'우아한 도둑'이 아닐까 싶다.

그의 도둑질 패션은

까만 쫄쫄이, 복면, 비니, 운동화 따위가 아니다.

중후하고 진중한 느낌을 주는 다크 그레이 슈트에

옥스퍼드 학생에게서 유래됐다는 '옥스퍼드 슈즈'를 매치시킨다.

패션은 영화 〈킹스맨〉의 '콜린 퍼스'를 연상시키는데

외모와 몸매가 따라주지 않아 많이 아쉽다.

그렇다면 '우아한 도둑'의 무기는 무엇일까?

당연히 방망이, 칼, 총 같이 위협적인 건 아니다.

높은 내구성, 빠른 반응, 치는 맛이 뛰어난

그렇지만 가격은 '보통'의 두 배가 넘는 '기계식 키보드'

그것이 바로 그의 무기다.

그러나 그가 진짜 '우아한 도둑'이 될 수 있었던 건

무기 때문이 아니다.

카리스마 있고, 우아하고, 순식간에 끝내는 도둑질 수법에 있다.

마무리까지 4초면 충분하다.

손가락의 피로감을 덜어주는 기계식 키보드는

도둑질하는 그의 손가락을 돕는다.

탁. 타다타다타다탁.

그럼 끝난다.

오늘도 팀장님은
내가 제출한 기획안 표지에서
내 이름을 지우고
자신의 이름을 써서 보냈다.
오늘도 난 그에게 또 도둑질을 당했다.
이런 우아한 도둑 같으니라고.

기획서 도둑질, 4초면 충분하죠.

기어서라도 야간 진료 병원에 가자

아팠다. 화요일부터 시작된 어깨 통증이 두통으로 이어졌다. 사람은 아프면 이성보다 감성이 앞선다. 그래서 작은 일에도 상대를 베어낼 것처럼 날카로워진다. 내가 요즘 그렇다. 3일 전부터 날카로운 생각과 뾰족한 마음을 품고 출근하고 있으니까. 그래서 어제는 회의 중에 말했다.

"참으려고 했는데 안 되겠어요. 오늘은 병원에 가야 할 것 같습니다."

내가 일하는 팀은 지금이 비수기다. 바쁜 업무도 없고 정시 퇴근(진짜 정시는 아니고 퇴근 시간에서 10~30분쯤 지나서)도 가능하다. 그런데 계속 병원을 가지 못했다. 연차도, 반차도, 심지어 점심시간도 내 마음대로 쓸 수가 없기 때문이다. 나란 직원, 은근히 할 말은 하는 스타일이지만 "요즘 회사 분위기 좋지 않으니까, 다들 조심하라."는 상사의 경고에 맞설 용기까지는 없다.

하지만 용기가 없다고 통증까지 사라지진 않더라. 계속 아팠다. 화요일부터 목요일까지 아픈 티를 계속 냈고, 심지어 아프다고 말해도 병원 가라는 말을 안 한다. 냉혹하고 서러운 오피스의 세계. 그래서 내가 먼저 말했다. 나는 소중하니까. 그런데 상사의 대답이 가관이다.

"그럼, 점심 먹고 이따가 다녀오든가."

# # #

오전 회의가 끝나고 점심시간이 왔다. 한 집에 사는 남편과도 평일에는 식탁에 마주 앉아 밥 먹기가 힘들다. 그런데 회사에서는 특별한 일정이 없는 한 모든 팀원이 늘 함께 식사하러 간다. 암묵적인 상사의 지시다. 이날 점심 메뉴는 김치찌개였다. 몸이 아파서인지 미각이 둔해졌다. 경상도 주인장의 간이 센 음식이 혀끝에 밍밍하게 닿는다. 점점 얼굴색이 질려 가는지 동료들이 아파 보인다고 거들어준다. 그러자 상사는 김치찌개를 후루룩 입안에 쑤셔 넣고 말했다.

"아차! 마케팅부서에서 기획안 좀 수정해서 보내달라고 하던데…. 그것만 하고 진짜 아프면 병원 좀 다녀오든가."

'진짜 아프면'이란 말은 '그렇게까지 아파 보이진 않지만, 못 참겠으면 병원에 다녀와라' 하는 뜻 아닌가? 더러워서 진짜! 안 간다. 안 가. 내가 사무실 책상에서 죽어야 네가 지금 무슨 짓을 하고 있는지 알게 아프면 그냥 죽자.

될 것이다.

  사무실로 돌아와 퇴근 1시간 전에 기획안 수정을 끝냈다. 그런데 동료의 실수로 업무 사고가 생겼다. 모든 팀원이 정신없이 일을 수습했다. 나도 함께 일을 정리했다. 힘들어서 기절할 것 같은 고통을 느끼면서. 업무는 저녁 7시가 넘어서 마무리됐다. 상사가 드디어 내 눈치를 보기 시작했다. 피부가 까만 편인데 얼굴이 밀가루처럼 하얗게 질려서는 식은땀을 흘리고, 몇 번 비틀거렸더니 그제야 내가 정말 아파 보였던 것이다. 그는 미안한 표정으로 입을 열었다.

  "내일 점심 먹고 바로 병원 다녀와."

  상사에게는 점심 먹다가 죽은 귀신이 붙어 있는 게 분명하다.

# # #

  집까지는 1시간 30분에서 최대 2시간이 걸린다. 7시에 끝나도 집에 가면 밤 9시다. 점심시간에는 화가 나서 병원은 주말에 가겠다고 결심했었다. 하지만 퇴근하자마자 마음이 바뀌었다. 더 늦기 전에…. 동네는 어차피 틀렸고, 회사 근처에 있는 야간 진료 병원이라도 찾아보자.

  회사와 3분 거리에 있는 작은 한의원이 밤 9시까지 운영한다는 걸 확인했다. 회사원들이 좀 있는 지역이긴 하지만, 작고 낡은 건물에 있는 탓에 환자가 많지 않을 것으로 예상됐다. 그러나 접수하고 돌아선 대기석에는 나를 포함해 5명의 사람이 있었다.

  넥타이를 맨 2명의 남자, 밀착된 H라인 스커트를 입은 1명의 여자,

그리고 캐주얼 차림에 노트북 가방을 멘 나와 어떤 남자 등. 연령, 성별, 스타일, 모든 게 달랐지만 누가 봐도 모두 직장인이었고, 모두들 스마트폰만 내려다보고 있었다. 나는 스마트폰으로 관심도 없는 정치 뉴스를 읽는 척하며 위안을 받았다. 하루 종일 비좁은 책상에 앉아 9시간 넘게 통증을 견뎌낸 사람은 나만이 아니구나, 하는 위안 말이다.

기다림 끝에 진료실로 들어섰다. 의사는 먼저 피를 뽑아야 한다며 나의 등에 사정없이 바늘 자국을 만들었다. 그리고 그 위에 부항을 밀착시켰다. 잠시 후 의사가 내게 말했다.

"죽은피가 나오네요. 많이 아팠겠어요."

한의사가 말한 나의 죽은피는 까맣고 까맸다. 내가 봐도 다시 붉은 피로 회생할 것 같지 않았다.

집에 도착하니 밤 10시다. 현관문을 열자 까만 어둠이 나를 반겼다. 남편은 프로젝트 때문에 바빠서 12시쯤 퇴근하는 날이 빈번하다. 그 흔한 자동 센서 조명도 없는 우리 집. 겨우 스위치를 찾아 불을 켜고 들어섰다. 집안이 엉망이었다. 거실에 널린 마른 빨래와 냉장고 안의 유통기한이 끝나가는 식재료들까지. 아프지만 지저분한 집을 보는 것이 더 큰 스트레스다.

집안일을 시작했다. 내가 아프니까 남편 네가 하라고 하고 싶었지만, 새벽에 들어와서 새벽에 출근하는 남편이 더 불쌍한 것 같아 봐주기로 했다. 12시가 넘어 집안일을 끝냈지만, 남편은 그때까지도 퇴근하지 못했다. 일단 샤워부터 하고 좀 더 기다려보기로 했다. 욕실에서 뜨거운

물을 틀어 어깨에 뿌렸다. 한결 나아진 것 같았던 어깨의 통증이 더욱 심해져 눈물이 날 지경이었다.

샤워를 마치고 나오자 거실에 남편이 있었다. 야구 채널을 틀어놓고는 생기를 잃은 화초처럼 소파에 널브러져 꾸벅꾸벅 졸고 있었다. 그의 어깨를 흔들었다.

"오빠! 오빠! 왔어?"

겨우 눈을 뜬 남편이 내게 물었다.

"어… 아, 어깨는? 설마 오늘도 병원에 못 간 건 아니지?"

"못 간 게 아니라 내가 안 간 것 같아."

"응?"

"아냐. 퇴근하고 다녀왔어."

통증은 다음날 아침까지 계속됐다. 하지만 출근을 준비하는 발짓과 손짓은 한결 가벼워졌다. 역시 병원에 가는 것과 가지 않는 건 다르다. 기분 탓인지 모르겠지만.

# # #

회사와 팀 분위기에 따라 다르지만, 근무시간에는 아파도 바로 병원에 가지 못하는 경우가 많다. '집에 가서 쉬면 괜찮겠지.' 하면서 불필요한 야근까지 견딘다. 이럴 때는 좀 억척스럽게 행동하자. 회사 컴퓨터로 퇴근하고 갈 수 있는 병원을 당당하게 검색하고, 퇴근 후 기어서라도 병원에 가 진료도 받고 처방도 받자.

집으로 가는 길에는 전화로 맛있는 죽도 예약하고, 집에 와서는 죽한 그릇 싹 다 비우고 전화기를 무음으로 하고 숙면을 하자. 물론 가장 좋은 건, 애초에 회사 출근을 하지 않고 병가 또는 연차를 쓰는 거지만.

잊지 말자. 회사는 우리의 건강이나 통증 따위는 신경 쓰지 않는다. 그러니 우리라도 스스로를 보듬고, 걱정하고, 챙겨주자.

이 글을 쓰고 1년쯤 지나서 '혼밥'하려고 도시락을 쌉니다'라는 글을 썼다. 글을 읽은 독자님은 알겠지만 나란 직원, 이제 점심시간에 억지로 끌려 다니지 않는다. 야호. 축하해달라.

계 속 일 해 야 하 는 사 주 팔 자

고민 끝에 전화를 했다. 그리고 진심으로 말했다.

"…회사를 그만두고 싶어요."

휴대폰 건너편에서 잠시 침묵이 흘렀다. 그러다 긴 한숨과 함께 그분의 목소리가 들려왔다.

"하루 씨는 일할 팔자야. 그 회사 그만둬도 또 일해. 사주가 그렇고 팔자가 그래…."

# # #

아버지와 어머니는 교회 장로님이 주선한 맞선에서 만났다. 고모, 이

모, 삼촌 등 모두가 그렇게 교회 사람과 결혼했다. 그래서 나는 어린 시절 반강제로 교회에 다녀야 했다. 성인이 된 후에야 교회로부터 탈출할 수 있었지만, 누군가 종교를 물어보면 망설임 없이 '기독교'라고 대꾸한다. 성장기의 기억이란 참 무섭다.

그러나 무서운 성장기의 기억도 막을 수 없던 게 있다. 그건 바로 나의 연례행사다. 결혼 전까지 나의 가장 중요한 연례행사는 사주 또는 신점을 보는 것이었다. 취업한 후로는 매년 한 번 이상은 사주를 봤다. 유명하다는 곳만 있으면 "어딘데?" 하면서 꼭 한 번은 그곳에 찾아가곤 했다. 어떤 곳은 내가 입을 꼭 다물고 있음에도 나의 과거와 현재를 귀신같이 짚어냈다. 그중 한 곳의 선생님은 내 얼굴을 뚫어지게 쳐다보더니 이런 말을 했다.

"귀부인상이야. 29살이 되면 결혼해서 팔자 좋게 남편 돈으로 귀부인처럼 살겠어."

기분이 좋아진 나는 친구들에게 "곧 결혼해서 귀부인처럼 살 팔자라던데." 하며 떠벌리고 다녔다. 그렇다면 실제 29살, 나의 인생은 어땠을까? 미국으로 여행을 떠났고, 차도 없이 버스를 타고 궁상맞게 여행지를 돌아다니고 있었다. 남들은 그렇게 여행을 다니면 영화 같은 썸이 생기던데, 나는 썸은 고사하고 쌈도 생기지 않았다. 한국으로 돌아왔을 때는 통장 잔액이 0원뿐인 귀부인상의 백수가 되어 있었다.

그 후 남편을 만났다. 철학관에서는 무조건 돈 많은 남자를 만날 팔자라고 했지만, 남편은 아주 평범한 회사원이었다. 물론 모든 부분에서 '보통'을 유지하는 '훌륭한 보통남'이었지만.

# # #

결혼 후에는 연례행사를 딱 끊었다. 남편과는 궁합도 보지 않고 결혼했다. 나쁜 이야기를 들으면 집착하게 될 것 같았기 때문이다. 혹시나 금단 현상이 생길까봐 휴대폰에 저장되어 있던 철학원과 신내림을 받았다는 사람의 번호를 모두 지웠다. 그리고 3년이 지났다. 어느 날 문득, 다시 그들에게 내 미래를 묻고 싶어졌다. 역시 내 삶은 잘 뻗은 고속도로가 아닌, 울퉁불퉁 굴곡진 비포장도로였다. 분명 마지막 회까지 끝난 성장 드라마라고 생각했는데, 미국 드라마처럼 끊임없이 새로운 시즌이 펼쳐졌다. 한국 드라마로는 〈막돼먹은 영애 씨〉가 생각나는군.

이번 시즌 드라마의 사건은 '회사생활'이었다. 지금의 회사에 입사할 땐 딱 1년만 다닐 생각이었다. 결혼하면서 생긴 대출금을 남편과 함께 계획적으로 갚아나가고 싶었다. 그래서 프리랜서는 관두고 안정적으로 월급을 받을 수 있는 회사로 이직했다. 그런데 1년이 지나고, 2년이 지나도 대출금은 줄지 않았다. 결국 이 회사의 3년 차 직원이 되어버렸다. 생각하거나 계획하지 않았던 미래였다. 회사생활과 결혼생활을 빼면 도무지 에피소드가 나오지 않는 일상. 이건 아닌 것 같다고 생각하면서도 실제로는 순응하고 버티고 있는 행동과 생각들. 나를 즐겁게 만들던 모든 것들이 조금씩 소멸되어 가는 느낌이었다.

이런 생각들로 퇴사를 고민하고 있을 때 친구의 아내가 "언니, 진짜 대박! 잘 맞히는 철학원 있어요."라는 정보를 제공해줬다. 역시 내게는 가끔 누군가의 소름 돋는 예지력이 필요했다.

# # #

그녀에게 소개받은 철학원은 지방에 있었다. 그래서 전화 상담을 예약했다. 미리 남편과 나의 생년월일을 작성해 메시지로 보냈다. 철학원 원장은 바쁘다며 4시간 후에나 시간이 될 것 같다는 답변을 보냈다. 어차피 사주를 본다고 해서, 당장 내 인생이 바뀌는 것도 아닌데…. 오랜만에 준비하는 연례행사라 그런지 긴장되어 시계만 노려보게 됐다.

1분 1초의 오차도 없이 정확히 4시간 후에 전화를 했다. 철학원 원장은 내게 질문을 하지 않고, 생년월일을 통해 알아낸 것들을 쭉 얘기했다. 우연인지 모르겠으나 그는 남편과 나의 실제 직업을 매우 비슷하게 맞췄다. 이어서 "남편은 꼼꼼하지만 털털해. 근데 하루 씨가 참 예민하고 날카롭고 까칠한 성격이네." 하고 말했다.

이건 아닌데, 하고 싶었지만 정확했다. 나는 어떠한 대꾸도 하지 않았다. 직업과 성격을 맞춘 원장이 나의 삶 전체를 어떻게 꿰뚫는지 확인하고 싶었기 때문이다. 놀랍게도 비교적 내 삶의 지난 스토리를 비슷하게 구성해 나갔다. 신뢰해도 될 것 같았다. 드디어 묻고 싶은 걸 물었다.

"회사를 그만두고 글을 쓰고 싶어요."

"일을 그만두면 또 일이 들어오고, 사업하면 망해요. 그냥 회사 다니세요. 본인은 싫겠지만 협업해야 일이 잘 풀려요. 그리고 글을 쓰고 싶다고 했죠? 글 쓰세요. 예민한 사람이라 다른 사람의 이야기를 깊게 듣는 성향이 있어서 글을 쓰면 좋을 것 같네요."

"글 쓰면 제가 성공하나요? 회사를 관두고 쓸까요?"

"흠, 2019년까지는 계속 어디에 소속되어서 일할 팔잔데. 물론 그 뒤에도 계속 일할 팔자고요."

"혹시 제가 소처럼, 그렇게 일하며 평생을 살 팔잔가요? 그건 정말 최악인데."

"계속 일하면 계속 돈이 벌린다는 말이고, 그래서 재물도 부족함이 없다고 나오는 사주인데, 뭐가 문제인가요?"

"제 인생이 너무 평범한 것 같아요. 뭔가 특별한 사주를 갖고 태어난 사람이었으면 했는데. 제 사주(四柱)를 사주(使嗾)하고 싶네요. 특별한 사주(四柱)로 바뀔 수 있도록…."

"하루 씨 사주 안 평범해요. 본인의 단점이 될 수 있는 예민함과 까칠함을 이용해서 작가가 되고 싶다는 사람이 뭐가 평범해요?"

평범한 것이 싫다는 건 지나친 욕심인지도 모르겠다. 하지만 아직도 나는 지금의 삶과는 전혀 다른 삶을 맛보고 싶은 욕망이 있다. 나를 행복하게 하는 것이 무엇인지, 그것들을 찾아 모험을 떠나고 싶다.

카카오 브런치에는 쓰지 않았지만, 이날 나는 철학원 원장님과 1시간 넘게 통화를 했다. 얘기를 하다 보니 참 수다스러운 분이었는데, 나름 흥미진진한 소재가 많아 재미있었다. 역시 가끔은 봐야 한다. 다시 정기적으로 연례행사를 시작해야겠다.

월급의 맛

이 글을 쓰기 전에 친한 동생과 통화한 내용이다.

"언니, 나 정말 못 견디겠어. 내가 지금 여기서 왜 이러고 있는지⋯ 회사 그만두고 싶어⋯."

"이직할 곳을 만들고 그만두는 게 좋지 않을까?"

"나 못 견디겠어. 살이 타고 피가 마르는 느낌이야."

"뭔가 다음 플랜을 정해두고 그만두는 게 좋긴 한데⋯."

"미칠 것 같아, 진짜⋯."

"그래, 그렇게 힘들면 그만두고 잠시 숨을 고르는 것도 좋겠다."

"하⋯ 근데 그만두면 실업급여는 나올까? 적금 붓고 있는 거 만기가 남았는데….”

“그래? 그럼 조금만 차분하고 냉정해지는 건 어떨까?”

“나 지금 너무 힘든데?”

“….”

답이 없는 대화였다.

# # #

그녀는 자신의 미래가 겁난다고 했다. 8년 넘게 한 직장에서 일했지만, 일할수록 회사에 대한 불신이 커져간다고 했다. 회사에 들어가기까지 그녀는 학점 관리를 완벽하게 하면서 어학부터 업무 관련 자격증까지 모든 걸 갖췄다. 단지 회사에 입사하기 위한 것만은 아니었다. 일종의 총알 충전이었다. 중요한 순간, 멋진 한 방을 날리기 위한 준비였다.

그러나 회사생활은 상상과는 많이 달랐다. 함께 멋진 일을 해낼 거라 믿었던 동기들은, 상사의 사내 정치에 휘둘리기 바빴다. 체계적인 시스템은 결제 라인밖에 없었다. 모든 일은 과정보다 결과였다. 높은 분의 말이 떨어지면, 즉석 요리처럼 결과물을 만들어야 했다. 주먹구구식으로 진행되는 정신없는 업무에 멋진 한 방을 던질 기회 따위는 없었다. 그저 오늘 하루를 잘 견디는 것이 매일 아침의 목표가 될 정도였다.

처음에는 괜찮았다. 그래도 대기업이니까. 배부른 소리처럼 듣는 사람도 있었지만, 그녀는 점점 바보가 되어가는 자신이 싫었다. 시간이 지날수록 어려운 일은 후배에게 미루고, 복잡한 프로젝트에는 적당히 참여했다. 도전이나 책임감 따위는 매우 위험한 행동이었다. 점점 상사들과 닮아가는 자신을 발견했다. 이것이 그녀가 당장 퇴사하고 싶은 이유였다.

# # #

퇴사를 결심하는 많은 이유 중에 "이런 의미 없는 일에 나의 모든 삶을 뺏길 순 없어! 가슴 뛰는 일을 하면서 살아야 해! 한 번뿐인 삶!"이란 것도 있다.

물론 이런 경우가 아니라도 "퇴사하고 싶다."는 말을 유행가처럼 부르는 사람도 많다. 전 직장에서 만났던 선배가 그랬다. 그녀는 매일 "미치겠다."와 "때려치워야지."란 말을 했다. 말투와 표정은 내일 당장 퇴사할 사람처럼 보였지만, 위기의 순간마다 악착같이 본인의 책상을 지켜냈다. 그러면서 "조만간 꼭 퇴사할 거야."라고 했는데, 이것도 벌써 8년 전이다. 그녀는 아직도 그 회사에 다닌다. 한 편으로 대단한 것 같고 한 편으로는 궁금하다.

"도대체 미치겠는데 왜 그만 안 둬?"

몰라서 묻는 건 아니다. 이유는 크게 두 가지다. 첫 번째는 돈 때문이고, 두 번째는 영원한 백수가 될지도 모른다는 두려움 때문이다. 솔직히 우린 돈을 벌기 위해 일을 한다. 꿈이란 것도 결국 돈으로 가기 위한 시작일 때가 많다. 그래서 이런 말이 있는 거 아닐까? 10분 더 공부하면 배우자의 얼굴이 바뀐다! 누구든 잘난 이성과 결혼하고 싶은 건 마찬가지다. 그리고 잘났다는 기준에는 돈을 잘 번다는 것도 포함된다.

학자금 대출, 전세 대출, 카드 값, 적금, 보험료, 통신비, 생활비 등…. 집에서 숨만 쉬고 있어도 돈이 필요하다. 결국

"회사를 그만둘 수 없는 건 월급 때문이 아니라 우리 자신 때문이다."

나도 마찬가지다. 나는 '내 일'과 '내 직업'이 좋다. 그러나 문제가 생기면 책임자 대신 아랫사람부터 처단하는 이상한 방침과 창의력 좀 발휘하라고 해놓고 진짜 발휘하면 현실 가능성이 없다고 말하며, 인센티브 주겠다고 해놓고 성과가 나와도 지난해 회사 적자가 커서 어렵게 됐다고 말하는 회사는 싫다. 너무 싫다. 싫은데 참고 있다. 월급이 나오니까. 돈을 쓰기 위해서는 돈을 벌어야 하기 때문에 어쩔 수 없다.

대한민국 평균에도 진입하지 못하는 삶이지만, 그래도 이 삶을 유지하기 위해서는 돈이 있어야 한다. 별것 아닌 것 같지만, 점심시간에 친한 동료와 상사를 욕하며 마시는 달콤한 바닐라 라테, 야근으로 지친 심신을 달래기 위해 남편과 간 영화관, 주말에는 자유롭고 싶다며 떠났던 여행 등 아주 당연한 일상이지만, 그놈의 월급이 없으면 불가능한 일이 될 수도 있다. 퇴사한다고 바닐라 라테, 영화, 여행이 필요 없어질까? 글쎄다. 우린 이미 이런 삶에 길들여져 있다.

# # #

회사가 너무 힘들어 당장 나오고 싶겠지만, 퇴사한다고 봄날이 오는 건 아니다.

요즘 외치는 YOLO(You Only Live Once)도 본래 뜻에서 변질되어 대책 없는 소비만 부추긴다. 회사 관두고 무작정 떠난 여행? 후회 없이

낭만적일 것 같은가? 일을 저지를 때는 경제적인 리스크를 안고 하는 것이다. 이런 것까지 생각하지 않고 떠났다가 돌아와서 후회하는 사람들을 많이 봤다. 특히 월급 맛에 익숙해 있는 사람일수록 더욱 그랬다.

돈 걱정하면서 퇴사를 고민하는 건 옳지 않다. 아무것도 잃지 않고 원하는 것만 할 순 없다. 리스크를 기꺼이 안고 퇴사할 게 아니라면 꼭 이직을 한 후에 퇴사하는 걸 추천한다. 아까도 말했지만 아무것도 안 하고 숨만 쉬어도 돈이 나간다.

퇴사까지 하며 떠났던 여행

여행 가려고 회사를 퇴사한 적이 있다.

5년 전에 다녀온 미국 여행이 그랬다. 고작 몇 달이었지만, 매일 쫓기듯 살던 내가 그깟 여행을 가겠다며 '당장의 것들을 다 내려놓고 떠난다'는 것이 쉬운 선택은 아니었다. 게다가 그때는 표면적으로 중요해 보이는 시기이기도 했다. 난 29살이었고, 공기업 계약직이었고, 또 다른 공기업 정규직 1차에 합격했었고, 꼭 해보고 싶었던 프리랜서 일도 제안받은 상태였다. 고작 몇 달 놀아보겠다고 선택권이 많은 순간을 놓치는 것이 괜찮을까? 그러나 난 고민 끝에 항공권을 예매하고 여행 가방을 주문했다.

사람들은 지금 이 순간을 후회할 거라고, 기회 있을 때 정규직으로 입사하라고, 주어졌을 때 괜찮은 조건의 일을 선택하라고 충고했다. "생각 없고 팔자 좋네."라고 비난한 사람도 있었다. 그러나 그때 난 '이유도 없이 바쁘게 사는 삶과 그런 삶에 매번 소나기처럼 쏟아지는 혼란'에 지쳐서 겨우 버티는 중이었다. 그러던 중 두 가지 사건이 나를 떠날 수 있게 도왔다.

하나는, 당시 1년 넘게 열심히 해왔던 프로젝트가 있었다. 성과가 기대 이상이었다. 팀의 차장님은 "잘했다. 성과 보고서를 써서 올리자."며 칭찬했다. 기쁜 마음에 밤새 성과 보고서를 작성해서 제출했다. 그런데 다음날 보고서를 확인해보니, 제출자 이름이 바뀌어 있었다. 차장님 후배인 김 과장의 이름이었다. 그는 같은 팀이었으나 이 프로젝트와는 상관없는 인물이었다. 내가 거칠게 항의하자 차장님은 미안한 표정으로 구구절절한 이유를 늘어놓았다. 이유는 간단했다. 나는 계약직이지만 김 과장은 정규직이었다. 나는 승진할 자격이 없지만, 김 과장은 승진해야 할 시기였다. 내가 참 순진했다. 어차피 나는 승진은커녕 평가 대상자도 아니었는데, 혼자 오버했던 거다. 지금 떠올려보니 화가 난다기보다는 창피하다. 뭘 기대했던 거야.

또 다른 하나는 연인과의 이별이었다. 그와는 고작 6개월 만났던 사이였지만 4년간 친하게 지낸 친구이기도 했다. 지금 생각해보면 '친구인 듯 친구가 아닌' 사이였다. 조조 영화 보기, 서점 구석에서 쪼그리고 앉아 책 읽기, 캠핑 가기, 글쓰기 등 취미와 성향이 비슷해서 자주 만나곤 했다. 가끔 그는 "데이트야?" "남자친구 말고 애인이 좋지 않아?" 하면서 은근슬쩍 고백도 했지만, 지인들과의 모임이 어색해질 것 같아 줄곧 모른 척했었다. 그러던 어느 날, 함께 조조 영화를 보기 위해 만났던 그가 진지하게 고백했다.

"나 내년 안에 결혼할 계획이야. 이왕이면 너랑 하고 싶어. 일단 난 오랜 시간 널 좋아했고, 우린 공통점도 많고, 취미도 비슷하고, 만날 때마다 신나잖아. 너만 딱 나를 좋아하면 우린 우정과 사랑이 공존하는 이상적인 관계가 될 것 같은데, 어때? 동의해?"

그의 말은 설득력이 있었다. 서른을 앞둔 여자에게 연애란 두려움이었다. 전혀 모르는 타인을 알아가며 감정을 키우기에는 시간이 아까웠다. 먹고 살기도 바빴으니까. 나는 그의 의견에 동의했다. 두근거림은 없지만 괜찮은 연애가 시작됐다. 서로에 대해 많이 알고 있다는 건 상대를 편안하게 하는 방법도 숙지하고 있다는 것이다. 불편함은 없었고 공유할 수 있는 건 많았다. 6개월까지 모든 게 순조로웠다. 이별까지도 말이다.

헤어지던 날에는 그와 캠핑을 갔다. 따뜻한 장작불, 하늘의 별, 우리가 좋아하는 영화 OST, 모든 분위기가 낭만적이었다. 내가 이 질문을 하기 전까지는.

"오빠, 우리 결혼 언제쯤 할까?"

그러자 그는 마시던 커피를 내려놓고 무지막지하게 곤란하다는 표정으로 말했다.

"하루야. 너는 결혼이 하고 싶어?"

"무슨 말이야?"

"봐! 우리 지금 진짜 좋잖아. 근데 왜 군이 결혼해? 지금 이대로가 좋은데!"

"처음에 나한테 뭐라고 했어? 나랑 결혼하고 싶다며!"

"그 정도로 널 좋아한다는 말이었어. 그때는 그래야 네가 나랑 사귈 것 같았고…."

"오빠 거짓말했던 거야? 결혼할 생각도 없으면서?"

"그건 미안해. 근데 난 결혼보다 지금 너랑 이렇게 있는 게 좋아. 너도 알잖아. 결혼하면 얼마나 많은 것들을 희생하게 하는지. 너도 그렇고 나도 그런 희생정신 있는 사람들이 아니잖아. 우리 그냥 즐겁고 행복하게 지내자. 응?"

"그래, 즐거워. 근데 나 지금 스물아홉이고 곧 서른이야. 마냥 예쁘고 젊은 나이가 아니라고…."

"하루야! 너 왜 그래? 넌 네 자신한테 그렇게 자신이 없어? 난 결혼해서 이런저런 핑계로 망가지는 여자들 싫어. 차라리 일하면서 자기 관리에 아낌없이 쓰는 40대 골드미스가 더 매력적이야."

"난… 그렇게 될 자신도, 살 자신도 없어."

우린 헤어졌다. 그는 몇 달간 내게 매달렸지만 얼마 지나지 않아 소개팅을 하고 다녔다. 자신은 독신이기 때문에 결혼 적령기의 여자는 만날 수 없다며, 주변 사람들에게 '꼭 20대 중반 여성'을 소개해줄 것을 강조하면서. 나는 그렇게 마음이 잘 맞는 친구와 연인을 한 번에 잃었다.

지금 생각해보면 별일이 아니지만 그때는 모든 게 엉망인 것 같았다. 한쪽 얼굴에 마비까지 왔었다. 이대로는 더 많은 일과 인간관계를 망쳐버릴 것 같았다. 도피, 도망, 도주…. 어떤 표현을 붙여도 상관없었다. 난 다 무시하고 여행을 떠났다.

# # #

첫 여행지는 미국이었다. 여행으로 만난 타국의 도시는 한가롭고 평화로웠다. 몸도 마음도 조금씩 회복되어 갔다. 계획은 없었다. 어떤 날은 운동을 갔고, 어떤 날은 해변에 앉아 책을 읽었다. 매일 가는 카페도 있었는데 처음으로 낯선 사람들과 웃고 떠들었다. 단어와 손짓으로 대화를 시도하는 것이 부끄럽지 않았다. 그런 내게 친절하게 대해주고, 깊은 대화를 위해 스마트폰으로 단어까지 검색해주는 사람들을 만나 감사할 뿐이었다. 같은 언어를 쓰는 사람들끼리만 의미 있는 대화를 주고받을 수 있는 게 아니란 사실도 알게 됐다. 어떤 유태인 노인은 내 얘기를 듣고는 "괜찮아. 아픔 없이, 그리고 후회 없이, 행복해지는 사람은 없어. 행복이 무엇인지 알기 위한 시간이었던 거야."라고 말해줬다. 내 친구들도 해준 적 없는 말이었다.

외국인뿐만 아니라 가까워진 한국 사람들도 있었다. 그중 가장 기억에 남는 건 31살에 미국으로 건너간 J언니 부부였다. 언니의 남편 K는 교포로 당시 30살이었다. 그는 명문대를 졸업하고 유명한 온라인 광고 회사에 다니고 있었는데, 한국으로 따지면 직급이 임원이라고 했다. 세상에! 나와는 한 살밖에 차이가 나지 않는데 임원이라니…. 부러웠다.

어느 날 그 부부는 나를 집으로 초대했다. J언니는 K의 친구들과 피자와 맥주를 마시며 미식축구를 볼 예정인데, 나도 꼭 왔으면 좋겠다고 했다. 나는 망설였다. 유치하지만 그때의 기분은 이랬다.

'K의 친구들이면 좋은 직장에 잘나가는 사람들이 많을 텐데…. 갔다가 괜히 주눅 들고 창피하면 어쩌지? 넌 한국에서 어떤 회사에 다녔고, 왜 여기 왔냐고 물으면, 난 뭐라고 대답하지? 일단 백수라고 말하면서, 쥐뿔도 없으면서 회사를 퇴사하고, 영어도 못하면서 미국에 왔다고 해야 하나? 아니면 계약직으로 일하다가 비참한 일을 당해서 얼굴 한쪽이 마비됐었고, 전 남자친구에게는 결혼 얘기를 꺼냈다가 거절당했다고… 까지 말해야 하나? 근데 이걸 다 영어로 어떻게 설명해?'

결국 그 집에 갔다. 그때 J언니는 결혼해서 미국에 온 지 얼마 되지 않아 한국인 여자친구가 없었다. 그래서 더욱 나를 초대하고 싶어 했다. K의 친구들을 만났다. 내 걱정과는 달리 그들은 어눌하게나마 한국어를 할 줄 아는 한인 교포들이었다. 영어가 편할 텐데, 나 때문에 모두가 한국어로 대화하는, 아주 미안하고 고마운 상황이 연출됐다. K의 친구들은 내 예상과는 좀 달랐다. 명문대를 나와서 의사 같은 전문직을 가진 사람도 있었지만 백화점 판매원, 커피숍 아르바이트생, 게다가 대마초를 불법으로 키우는 사람도 있었다. 좀 놀랄 정도로 다양했다.

나는 술을 잘 못 마시는 편이었는데 그날의 술은 참 달았다. 아마도 기분 탓이었으리라. 숙소로 돌아오자마자 씻고 침대에 누웠다.

그날 하루 있었던 일을 순서대로 떠올리며 잠에 빠지려던 순간, 눈이 떠졌다. 아무도 내가 걱정했던 '질문'을 던지지 않기 때문이다. 오히려 내가 대화 내용을 추론해서 "아, 너 의사구나?" 그리고 "아, 그 백화점? 거기서 판매원으로 일해?"라고 물었다. 볼품없는 사람으로 보일 것 같아 걱정했는데, 나는 정말 볼품없는 사람이었다. 물론 '미국 사람은 타인의 사생활에 대해 잘 질문하지 않는다'는 걸 나중에 알게 됐으니, 그 말이 나를 더 화끈거리게 했다.

그날 밤, 나는 스스로에게 진지한 질문을 던졌다. 너는 늘 뭐가 그렇게 두렵고 불안했던 거니? 왜 항상 현재의 모습을 그대로 사랑하지 못하고, 사소한 즐거움을 마음 놓고 즐기지 못하니? 왜 너는 네 마음이 편안해지길 원하면서, 끝까지 네 마음을 괴롭히고 다그치니? 그렇게 힘들다고 하면서, 왜 자꾸 많은 기회를 만들고, 확신할 수 없는 선택에 불안해하니? 도대체 뭐가 문제인 거니?

문제는 하나였다. 지나치게 신경 쓰는 '타인의 시선'. 그것이 문제였다. 타인의 말에 지나치게 신경 쓰는 예민함, 타인에게 저평가당하고 싶지 않은 자존심, 타인보다 더 잘되고 싶은 욕심. 타인이 기준이 된 모든 것이 나를 괴롭히고 있었다. 내 삶에 '나'는 없고 '남'만 있었다.

경제적 타격까지 감수하고 무작정 떠났던 여행이었다. 그러나 나는 여행지에 와서 한참이 지난 후에야 내가 왜 다치고 아파했는지 알게 됐다.

# # #

몇 달 후 한국으로 돌아왔다. 통장 잔액은 0원이 되어 있었다. 내 마음이 무엇인지 알기 위해 지불한 비용은 꽤 컸다. 다시 일을 구하기 시작했다. 역시나 10개월의 공백이 있는 백수의 취업은 쉽지 않았다. 낭만적인 여행이 결격사유가 될 것이라 예상은 했지만, 대부분의 면접관들이 나를 부정적으로 평가했다. 어쩌면 당연한 일이었다. 나란 사람이 변했다고 세상이 함께 변하는 건 아니니까.

요즘도 타인에게 스트레스를 받는다. 매년 연봉을 동결시키려는 회사, 저렴한 가격에 맡긴 프리랜서 업무에 서비스 정신까지 바라는 대표, 나의 난잡한 이력사항을 비난하는 면접관, 이런 내 삶을 통해 자신의 삶에 자신감을 부여하는 (못난) 사람 등. 문제를 알았다고 해서 모든 게 해결되는 건 아니었다.

그러나 지금은 전보다 살 만하다. 이제 나는 무언가를 선택할 때 타인이 아닌 나에게 최선이 무엇인지를 고민한다. 그리고 타인의 시선을 의식해서 나를 포장하려 들지 않는다. 이기적인 모습으로 보여도 상관없다. 타인에게 피해를 주지 않는 이기주의는 이기주의가 아니다. 나를 행복하게 만드는 개인주의일 뿐이다.

그때 여행을 다녀왔던 돈으로 삼성전자 주식이나 가상화폐를 샀다면? 지금 이 글도 쓰고 있지 않겠지? 여행은 의미 있었으나 그보다 더욱 의미 있는 돈 쓰기도 있었다. 안 되겠다. 이 글을 다 쓰고 로또라도 사러 가야겠다.

또라이 질량 보존의 법칙

회사에서 '또라이'란, 동료의 온전한 몸과 정신을 환장의 상태로 만드는 사람을 뜻한다. 회사마다 꼭 이런 사람이 있다. 이 현상을 우리는 '또라이 질량 보존의 법칙'이라 부른다.

어느 직장이건 팀이건 또라이가 존재한다는 이상한 법칙! 이 법칙은 한국에만 해당되는 얘기가 아니다. 선진국에서 일하는 지인들이 "사람 사는 데는 다 똑같더라!" 하는 것을 보면 전 세계 어느 회사에나 있는 법칙일지도 모른다. 그리고 또 하나의 법칙! 우리 회사에 또라이가 없다면? 그럼 당신 자신부터 의심하라.

사무실 속 또라이는 저마다 특징이 있다. 나의 경험 50%에 주워들은 얘기 50%를 추가하여 또라이 유형에 대해 정리해봤다.

A. 우물에 빠진 바가지를 지배하고 싶은 자

천상천하 유아독존! 지만 잘난 놈이다. 사무실에 꼭 있는 유형이다. 본인이 가지고 있는 것, 한 것, 느낀 것, 생각한 것, 이것들이 그에겐 세계 최강이고 가장 정확한 답이다(여기서 생기는 의문! 근데 왜 이 회사를 다니지?). 이런 타입은 첫인상을 긍정적인 사람으로 오해하기 쉽다. 하지만 조금만 지내보면 안다. 다른 사람은 틀리고! 별로고! 다~ 아니다. 도무지 '다르다'는 것과 '틀리다'의 개념을 모르는 사람이다. 우리가 출근하는 사무실은 세상 어딘가에 존재하는지도 모르는 작은 우물 속, 그 안에 빠진 바가지 정도나 될까? 우물 안 개구리가 아닌 우물에 빠진 바가지 안의 개구리인 당신! 내가 졌다. 지배해라. 다 가져라.

이런 사람은 중요하거나 번거로운 업무는 맡지 않으려고 한다. 왜일까? 우리가 짐작하는 그것일까? 잘난 척은 하지만 책임지기 싫어하고, 상사가 혹평이라도 하는 날이면 온갖 짜증을 부리며 부하 직원에게 히스테리를 부린다. 이런 사람들이 자주하는 말.

"지가 해보라고 해!"

B. 예의는 쌈 싸먹는 자

의외지만, 예의 없는 사람들의 첫인상이 선한 경우가 많다. 말투도 부드러운 톤의 소유자가 많다. 그러나 대화를 시작하면 알게 된다. 예의 없는 것 같으니라고. 나이 먹은 게 자랑은 아니지만, 경력도 적고 나이도 어리고 심지어 안 친한 사람이 내게

"이거 내일까지라고? 그럼 하루 씨가 해줘요. 알았지? 부탁해요."

라고 하는 말을 듣고 멈칫했던 적이 있다. 뭐지, 이건? 이렇게 불쾌하게 일을 떠넘기는 경우도 있나?

이들의 특징으로 말하자면, 말에 의미 없는 가시가 붙어 있거나 생각이 짧은 백치미인 경우가 많다. 그래서 당황하면 안 된다. 상대는 당신을 별것도 아닌 걸로 화내는 예민한 사람으로 취급하니까. 이럴 때는 그냥 같이 하자.

"미안. 못 해. K씨가 해. 어려운 거 아니잖아요. 그치?"

물론 상대보다 더욱 부드러운 톤으로 말해야 한다. 반말 공격은 더 큰 반말 공격으로, 예의 없는 행동은 민망하게 만드는 상황으로 정리하자. 이때 중요한 건 다른 사람들에게는 예의 있게 행동해야 한다는 거다. 똑같은 것들끼리 싸우는 꼴로 보이지 않으려면 말이다.

C. 사내 소문과 루머를 제조하는 자

뛰어난 스토리텔러다. 그 능력을 업무에 좀 쓰지, 남의 얘기를 제조할 때만 초능력 수준으로 발휘한다. 모든 감각의 주파수가 예민하다 보니 사람들의 얘기와 행동은 물론 심지어는 SNS까지 털어서 얘기를 만든다. 그리고 자신이 만든 얘기의 흥행을 위해 최대한 많은 사람들에게 퍼트리고, 갈등을 조장한다. 그러다 누군가 화를 내면 농담인 것처럼, 별거 아닌 것처럼 적반하장의 태도로 일관한다.

예의 없음에는 예의 없음으로 대응하기

"뭘 그렇게 예민하게 반응해? 진짜 뭐 있는 거 아냐?"

이렇게 말이다. 이걸 죽여? 살려?

D. 개인주의와 이기주의를 구분 못하는 자

난 '개인주의'를 격하게 사랑한다. 개인주의는 신념이다. 사회, 조직, 심지어 가정으로부터도 '개인', 즉 '나'를 잃지 않으려는 신념이다. '개인'의 중요성을 알기 때문에 타인에 의해 피해를 입는 것을 견디지 못하지만, 반면 타인에게 피해를 주는 것도 참지 못한다.

주변을 보면 개인주의와 이기주의를 구분하지 못해 주변 사람에게 피해를 입히는 사람들이 많다. 이기주의는 성향이다. 물론 이기주의도 두 가지로 나뉜다. 착한 이기주의와 나쁜 이기주의! 내 이익만을 우선으로 하겠다는 것은 나쁜 이기주의 성향이다. 그래서 타인에게 피해를 준다. 본인이 불이익을 당할 것 같으면 인권을 들먹거리는데, 자신으로 인해 다른 사람의 인권이 실종되는 것에는 관심이 없다. 이런 사람들이 화내면서 자주 하는 말이 이거다. "제가 개인주의라고요? 어떻게 그런 심한 말을 하세요?"

개인주의? 아니다 이기주의야. 그것도 나쁜 이기주의!

E. '킬미 힐미' 뺨치는 다중 인격자

분석이 어려운 캐릭터다. 상황과 사람에 따라 행동, 표정, 말투가 달라진다. 이런 사람은 왜 무대에 서지 않고 사무실에 있는지. 시간이 좀 지났을 뿐인데 분석을 포기하게 된다. 이런 유형은 눈치와 두뇌 회전

속도가 'LTE 어드밴스'다. 그래서 절대 손해 보는 짓을 하지 않는다. 한 마디로 가까이 해봐야 손해다. 이들과의 대화는 이렇게 하는 것이 적절하다.

"아~"

"네."

"아니요."

"맞아요."

"…"

긴 대화를 하지 말라. 불필요한 말을 쏟아냈다가는 당신의 개인 정보가 싹 다 털릴 수 있다. 쉿!

우린 또라이 없는 행복한 사무실을 꿈꾼다. 물론 누군가는 지금 내가 없어지면 사무실이 행복해지리라 생각하겠지. 꿈 깨시라. 난 내 밥줄을 놓지 않을 테다.

그래도 '또라이 퇴치법'이랍니다

"미안해요."

먼저 이 말부터 해야겠다. 또라이를 100퍼센트 박멸시키는 방법은 없다. 아직 그런 기술은 개발되지 않았으니까. 내가 소개하고자 하는 것은 최선의 선택이나 방법일 뿐이다. 무방비 상태로 공격당하고 스트레스 받는 일보다는 낫겠지. 나의 또라이 퇴치법은 다음과 같다.

1단계. 투명인간, 내겐 네가 안 보여

무관심으로 시작하자. 싫은 사람에게 무관심해지는 건 가장 초급 단계다. 하지만 주변 사람들에게 오해를 받지 않기 위해서는 상당한 스킬이 필요하다. 무작정 무관심으로 일관하는 건 하수다. 약간의 연극이 필요하다. 사람들과 함께 있을 때는 함께 웃고 추임새도 적절히 넣어준다. 하지만 둘만 있을 때는, 상대가 먼저 말을 걸기 전까지 일만 한다. 혹시 먼저 말을 걸어도 당황하지 말라. 미소를 짓고 "네!" "아니오!" 같이 딱 필요한 답변만 하자. 개인적인 질문에는 웃음으로 뭉개거나 "글쎄요." 하면서 더욱 환하게 웃어보자. 보이지 않는 곳에서 들리는 메아리에 답하는 것처럼. 너 어디 있니, 투명인간!

2단계. 눈을 감고 의식의 저편으로 가보자

무관심 권법이 통하지 않을 때 권하는 방법이다. 친절하게 무시해도 기어코 당신의 뚜껑을 여는 또라이가 있다. 이때, 뚜껑 열고 화를 내면 지는 거다. 그는 당신이 화를 내길 기다리며 계속 공격하는 거니까.

이럴 때는 크게 심호흡을 해보자. 후~ 들이마시고, 후~ 내쉬고. 콩닥거림이 진정됐다면, 이제 내가 화를 냈을 때 벌어질 불이익에 대해 따져보자. 차분하게 계산해보면 대부분의 일들은 '나의 불이익'으로 끝난다. 억울하다. 나를 이렇게 만든 건 저 또라이인데. 그러나 회사는 개인이 아닌 조직을 존중한다. 많은 일들이 감정보다 상황으로 처리되는 이유다.

이제 눈을 감고 의식의 저편으로 가보자. 또라이가 당신의 감정을 부정적으로 만들었던 많은 순간들을 떠올려라. 그리고 그 기억들 위로 꽃길만 펼쳐질 나의 미래를 그려 넣자. 기분이 좀 나아졌다면, 웃는 듯 째려보는 듯 묘한 표정으로 또라이를 바라보자. 딱 그 또라이만 느낄 수 있도록.

멈추면 비로소 안 들리는 또라이 목소리

"참아, 다 그런 거 아니겠니?"

감정을 드러내면 아마추어라고 한다. 그런데 감정을 드러내지 않으면 인간적이지 않단다. '내 귀에 캔디'도 아니고 귀에 담기 좋은 말만 들으려는 사람들이 많다. 개인적인 인간관계만 그런가? 회사에선 더 그렇다.

그렇다면 또라이에게는 어떻게 해야 할까? 앞서 소개한 방법에서는 Inner peace(내면의 평화)를 강조했다. 그러나 내 회사생활에 직접적인 불이익을 안겨준다면, 그때는 정면으로 충돌해야 한다.

먼저 아주 정중하게 그(녀)를 부른다. 감정에 흔들리지 않을 자신이 있다면, 사람들이 있을 때 말문을 여는 것을 추천한다. 그리고 머리와 마음으로 정리한 스크립트를 읽어나간다. 당신이 한 행동이 무엇인지 말해주고, 그 행동으로 인해 내가 어떤 불이익을 당했는지 설명해주고, 왜 그랬는지 묻는다. 이때 주의사항 몇 가지! 일단 대사는 구구절절 길면 안 된다. 표정에는 화가 아닌 진지함이 묻어나야 한다. 마지막으로 당신의 이야기를 중간에 끊으려고 하면, 일단 제 얘기 먼저 들어달라고 정중히 요청한다. 화내지 말고 진지해야 한다.

이야기가 끝난 후에는 또라이의 반응에 따라 이렇게 대처하자. 상대가 사과는커녕 변명만 늘어놓는다면, 결과적으로는 이렇게 되었으니 앞으로 조심해 달라고 부탁처럼 보이는 경고를 날린다. 만약 상대가 바로 사과한다면 사과해줘서 나도 마음이 좋다, 그러나 앞으로는 서로 오해를 만들지 않았으면 좋겠다고 말한다. 마지막으로 상대가 입에 거품을 물고 화를 내거나 거친 말을 쏟아낸다면, 침묵으로 그 행동을 지켜보자. 절대 맞서 싸우지 말자.

혹시 화를 낼 것으로 예상되는 사람은 처음부터 사람들이 있는 곳에서 말문을 트는 것이 가장 좋다. 아무튼 그(녀)가 화를 내는 것을 멈출 때까지 지켜보고, "결과적으로 이런 일이 있어났음에도 오히려 화를 내시는군요. 알겠습니다." 하고 자리로 돌아가자. 이때부터는 공식적으로 또라이에게 웃지 않고 단답형으로 대화할 권리가 주어진다. 또라이는 당신을 계속 신경 쓰면서 별별 상상을 다하고, 때로는 남들에게 당신을 험담하겠지만 휘말리지 말자. 당신이 다른 사람들에게 더 잘하고 아무런 대응을 하지 않는다면, 결국 불리해지는 건 그(녀)일 뿐이다.

몇 가지 방법을 제안했지만, 죽을 만큼 힘들면 굳이 하지 않아도 좋다. 도저히 참아지지 않을 때가 있다. 그리고 죽고 싶을 만큼 힘들 수도 있다. 그럴 때는 퇴사가 좋은 해결책이다. 이런 상황을 지켜만 보고 있는 회사와 상사와 일해봐야 월급보다 더 큰 치료비가 나갈 뿐이다.

# # #

5년 전, 일에 치이고 사람에 치여 몸과 마음이 너덜너덜해진 적이 있었다. 당시 여행을 다녀온 후에 일하게 된 회사라서 그만두기가 쉽지 않았다. 그래서 심리 상담을 받으며 스스로를 치유하려고 병원을 알아봤다. 그런데 세상에나! 금액이 만만찮더라. 국가에서 무료로 상담해주는 프로그램도 있었으나 평일만 운영되어 야근 때문에 가지 못했다.

어느 날 출근을 준비하다가 다리에 힘이 풀려 주저앉아 버렸다. 화장실에 가보니 하혈이었다. 회사고 뭐고 바로 병원으로 갔다. 의사는 3개월 정도 안정을 취해야 한다고 했지만, 회사에서는 계속 언제 출근할 거냐고 전화로 물었다. 그것도 나를 힘들게 하는 또라이 상사에게서 계속. 나는 병원을 다녀온 일주일 후에 회사를 그만뒀고 병원을 다니며 휴식을 취했다. 그럼에도 하혈은 2달간 계속됐다.

그때 처음으로 내 자신을 혼냈다. 생계가 아닌 생명이 위협받는 순간에도 회사와 또라이를 견디려고 했던 내가 바보처럼 느껴졌다. 이 지경이 되도록 너는 왜 너를 보살피지 않았니? 네가 그러다가 잘못되어도 회사와 또라이는 아무 일 없던 것처럼 살아갈 텐데. 넌 왜 너를 소중히 대하지 않았던 거야!

Made in Office

B정규직이
써본
웹드라마

사원증 대신 출입증을 목에 건 당신에게
숙면을 선물할 '막장 SF 판타지'

젠장! 또 아침이 왔어.

암막 커튼으로 방 안의 모든 빛을 차단했거든? 근데 깜깜해도 눈만 잘 떠져. 알람이 울리기도 전에 말이야. 억울하고 분해 죽겠어. 잠이 부족해서 그런 건 아냐. 꿈 때문에 그래, 꿈….

내가 몇 달 전부터, 매일 내용이 이어지는 아주 특이한 꿈을 꾸고 있거든. 쉽게 말하면 내가 장편 드라마의 주인공이 됐다고나 할까? 뭐, 주말 드라마 같은 휴머니즘 스토리냐고? 글쎄다. 사람다워져야 할 사람들이 나오긴 하는데, 굳이 말하자면 현실이 반영된 SF 판타지야.

내가 회사에 입사하면서 '출입증'을 받았거든. 응? 왜 출입증을 받았냐고? 나 계약직이잖아. 그래서 사원증은 없고 출입증만 있어. 아무튼, 그건 그렇고. 꿈속 배경도 현실이랑 완전 판박이야. 물론 거기서도 난 계약직이지. 근데 현실과 다른 건, 꿈에서는 내가 그 '출입증'을 목에 걸고 출근하면 모든 사람들이 나를 우러러봐. 나에게 특별한 능력이 생겼거든. 어떤 사고를 당한 후에.

# # #

그날은 날씨도 마음도 엉망이었지. 사무실에서 나만 빼고 다들 성과급을 받았거든. 이 회사는 계약직한테는 인센티브 같은 거 안 주니까. 다들 기분이 좋았는지 한잔하자고 했어. 난 일이 있어서 못 간다고 했지. 솔직히 내가 갈 자리도 아닌 것 같았어. 그렇잖아. 계약 기간 3개월 남은 것도 서럽고, 일은 똑같이 했는데 혼자만 빈털터리가 된 것 같은 기분도 들고 말이야.

퇴근 후 집에 가기 위해 버스를 탔어. 동네에 도착할 때쯤, 갑자기 비가 무지막지하게 쏟아지는 거야. 미친다, 진짜! 집까지 뛰기 시작했지. 근데 하늘에서 번쩍하는 불빛이 터졌어. 예감이 좋지 않더라. 죽을힘을 다해 뛰었어. 집 앞에 도착했지. 현관에 들어서려는데, 쾅! 나한테 벼락이 떨어졌어. 시간이 흘러 정신을 차리니 눈앞이 하얗더라. 천국이구나. 차라리 잘됐다 싶었어. 오히려 사는 게 지옥이었으니까. 근데 하얀 연기 속으로 낡은 파란 대문이 보였어. 어디겠니? 집이지. 다행인지 몰라도 난 살았어. 가슴에서 하얀 연기가 피어오르더라고. 셔츠 안에 있던 '회사 출입증'에서 피어오른 거였어. 이 출입증이 내 가슴으로 떨어진 벼락을 대신 맞아준 거야. 마치 방탄조끼처럼. 근데 이상한 건 출입증이 너무 멀쩡하더라고. 뭐? 따신 밥 처먹고 쉰 소리 말라고? 얌마! 말했잖아. 장르가 SF 판타지인 꿈이라고! 일단 더 들어봐.

벼락 사건 이후로 나의 '출입증'에 특별한 능력이 생겼어. 출입증을 목에 걸고 원하는 시간과 장소를 떠올리면, 이동하게 돼. 생각했던 그 시간과 장소로. 물론 시간은 앞뒤 일주일만 가능하고, 하루에 한 번, 딱 5분만 머물 수 있다는 게 단점이긴 했어. 완전 대박이지? 그래서 어떻게 됐냐고? 일주일 후 토요일 오후 8시 39분으로 날아갔지. 왜냐고? 인생 역전에는 로또라는 거 몰라? 근데 이상했어. 미래와 과거를 열심히 오갔지만, 과거의 로또 번호를 바꿀 수가 없었고, 미래의 당첨 번호를 알 수가 없었어. 계속 도전하다 보니 이건 신의 영역 또는 신의 저주라는 생각이 들었어.

그래도 장점은 있더라. 국내나 해외 어디로든 이동할 수 있었으니까. 그래서 매일 5분씩 세계 여행을 다니기 시작했지. 근데 이것도 곧 재미가 없어지더라. 시간이 너무 짧으니까 할 수 있는 게 없었어.

그래서 회사 생활에 좀 활용해봤어. 미리 결과를 아니까 보고서와 기획안을 과거로 가서 수정하고. 미래를 아니까 확실한 아이디어를 쓸 수 있더라고. 그냥 편하게 일하면서 인정받고 싶었을 뿐인데, 어느 순간 회사의 스타 직원이 됐어. 내가 투입되는 모든 프로젝트가 성공하니까. 회사도 내 덕을 많이 봤지. 신제품의 치명적인 결함을 발견한 덕분에

Made in Office

출시를 미뤘고, 경쟁사와 비슷한 전략은 먼저 발표하는 등. 이 불경기에 폭발적인 성장을 했지. 언제부턴가 회의에 들어가면 모두가 내 얘기를 기다려. 사원부터 임원까지 모두가. 야! 뭘 그렇게 동네 바보 형 보듯 실실 쪼개냐? 넌 이런 꿈이라도 꿔봤냐?

가장 통쾌했던 건 그 자식을 한 방이 아니라 여러 방 먹였다는 거지. 그 자식이 누구냐고? 내가 술 마실 때마다 말하는 그놈 있잖아. 나한테만 기고만장한 그 과장놈! 맞아. 툭하면 나한테는 공유도 안 된 내용을 "이거 어떻게 될 것 같아?" 하고 묻고는 내가 우물쭈물하면 "그러니까 자기가 아직 멀었단 거야." 하면서 휙 사라지는 그놈!

내가 회사에서 스타가 된 후에는 당연히 역전됐지. 그 과장놈이 들어가지도 못하는 회의에 참석한 후에는 내가 그놈에게 물었지.

"과장님. 이거 어떻게 될 것 같아?"

과장이 당황해서 어버버거리면 나는 피식 웃으면서

"그러니까 과장님이 아직 멀었단 거야."

라고 대꾸해줬지. 그렇지 않아도 감자같이 생긴 놈이 당황하니까 불타는 감자가 되더라고. 갑자기 감자 칩이 먹고 싶네.

회사에서는 알량한 정규직을 제안했어. 잘됐다고? 내가 왜? 다른 회사에서도 이직 제안이 밀려들어 오는데, 내가 왜? 당연히 거절했지. 그러니까 회사의 제안은 계속 업그레이드되더라. 연봉과 직급이 끝도 없이 올라가더라고.

# # #

시간이 흘러 계약 기간은 딱 1주일만 남게 됐지. 인사팀 부장이 찾아왔어. 퇴근 후에 식사나 하자는 거야. 청담동에서 가장 핫한 일식집을 예약했다나? 망설였어. 선약이 있었거든. 미인대회 출신 여배우와소개팅! 그런데 부장님이 내 바짓가랑이를 붙드는 모습이 참 딱하더라.사람은 일단 살리고 봐야겠더라고. 그래서 여배우와의 소개팅을 취소하고 일식집에 갔어. 미래로 가서 확인해보니까 그 여자가 사진과 많이다르기도 했고. 알잖아, 나 섹시 글래머보다 청순 글래머를 더 좋아하는 거.

일식집에는 인사팀 부장과 상무가 먼저 도착해 있었어. 내가 자리에앉으니 두 사람이 잔에 물을 채워주더라고. 살다 보니 높은 분들이 내잔에 물을 채워주기도 하더라. 아무튼 미리 주문해둔 스페셜 코스 요리가 하나둘 나오기 시작했어. 내가 한 입 먹을 때마다 어떠냐고 묻더라.맛있네요, 신선해요, 식감이 좋네요, 입에서 녹네요. 자꾸만 물어봐서창의적인 답변 찾느라 체하는 줄 알았어. 내가 눈치볼 자리도 아닌데이놈의 노예 근성! 뼛속까지 박혀서는.

상무가 내게 서류 봉투를 내밀더라. 열어보니 계약서였어. 근데 좀이상했어. 공백이 너무 많은 거야. 그래서 이게 뭐냐고 물었지.

"백지 수표라고 할 수 있죠. 근무 조건과 연봉을 직접 작성하시면 됩니다."

그러면서 외투 안쪽에서 몽블랑 만년필을 꺼내 내게 건넸어. 두 손으로 아주 공손하게 말이야.

신이 나의 출입증에 능력을 줘놓고 로또를 갖지 못하게 한 이유가 있었던 거야. 백지 수표, 아니 백지 계약서를 주려던 거였어. 표정 관리하느라 죽는 줄 알았어. 밀당의 고수는 표정을 읽을 수 없는 법이니까.

그 계약서의 공백을 어떻게 채웠냐고? 일단 계약 기간은 '내가 원할 때까지'라고 썼어. 연봉은 '매달 세금 제외하고 4억'이라고 썼고. 왜 4억이냐고? 싱가포르의 '제이미 추아'인지 뭔지 하는 여자 알아? 그 여자가 재벌 남편과 이혼하고 매달 4억 씩 받는다더라. 그래서 나도 4억이라고 썼어. 무슨 관련이냐고? 그럼 여자들이 그 여자를 부러워하는 대신 내게 관심을 보일 거 아니냐!

마지막으로 근무시간은 '대중없이 내 맘대로'라고 작성했어. 영화 보면 재벌 2세들은 지네 아버지 회사랍시고 대중없이 출근하잖아. 전날 과음하고도 오후까지 자다가 헬스장에서 땀 빼고, 호텔에서 브런치 먹고 회사에 가잖아. 출근했다가도 여자친구가 삐치면 바로 퇴근해서, 나는 본 적도 없는 한산한 서울 시내 도로를 질주하잖아. 페라리나 벤틀리의 로고를 테이프로 가리고 위잉, 위잉! 이렇게!

계약서를 작성해서 상무한테 한 손으로 건넸어. 살짝 휙 던지듯이. 상무가 계약서를 확인하는 동안 부장이 "일단 한잔 받으시죠!" 하면서 술을 따라줬어. 한잔 쭉 들이켰지. 이번에는 내 접시에 도미 회를 옮겨줬지. 청담동 도미는 우리가 먹던 9,900원짜리 광어랑은 차원이 달랐어. 꿈인데 맛을 어떻게 느꼈냐고? 이 자식, 응용력이 없네. 식탐 많은 놈이 음식 프로그램 애청하면서 도미 회 시식 평은 한 번도 안 들어봤어? 들은 내용을 응용하면 그 맛이 상상이 안 돼?

계약서를 확인한 상무가

"감사합니다. 앞으로도 잘 부탁드립니다."

하면서 내게 목례를 했어. 나는 대답 대신 그의 잔에 청주를 따라줬지. 이어서 부장의 잔도 채워줬어. 그렇게 우린 본격적인 술자리를 시작했지.

2차는 요정으로 불리는 고급 술집이었어. 여자들 예뻤냐고? 기억도 안 나. 완전히 취해버렸으니까. 기억나는 건 부장이 자꾸만

"어떻게 그렇게 귀신같이 과거와 미래를 다 맞춰? 뭔가 비밀이 있는 거지?"

라고 계속 물었던 것뿐이야. 취중진담. 그 상황과 어울리는 말이 아니란 거 아는데, 난 당한 거야. 만취해서 다 불었거든. 나의 출입증에 대해서. 비 내리던 그날의 이야기부터 떠들기 시작해서 오늘 이 자리에 오기까지…. 딱 거기까지 얘기하고 쓰러졌지.

# # #

정신이 들었을 때, 나는 차가운 길바닥에 쓰러져 있었어. 뒤통수가 아팠어. 이건 숙취로 인한 통증이 아니었어. 어제 누군가한데 맞아서 쓰러진 거야. 뒤통수를 아주 세게! 가방을 살펴봤더니 역시나 어제 작성한 계약서와 회사 출입증이 없더라고. 난 함정에 빠졌던 거야. 비열한 자본주의에 빠진 놈들에게….

분노가 끓어올랐어. 그리고 괴수도 따라 하기 힘든 비명으로 도시 전체를 긴장시켰어. 그러자 맑았던 하늘에 먹구름이 몰려왔지. 먹구름은 회

Made in Office

사로 가는 나를 따랐어. 마치 전쟁터로 향하는 장군과 전사들의 모습 같았다…. 응? MSG는 빼라고? 야! 꿈인데 인공조미료 좀 팍팍 뿌리면 어때!

회사에 도착한 나는 사무실로 갔지. 어제와는 다른 공기가 느껴졌어. 과장놈은 뭐가 그렇게 좋은지 히죽거리며 묻더군.

"이 상황이 어떻게 될 것 같아?"

난 가소롭다는 듯 대답했지.

"네가 상상하지 못하는 상황으로?"

놈이 나를 노려보더군. 난 한마디 더 보탰지.

"그러니까 네가 아직 멀었단 거야."

난 자리로 가서 책상 서랍을 열고 보석 케이스를 꺼냈지. 분홍색 플라스틱으로 만들어진 케이스인데, 예전에 금은방에서 사용하던 그런 케이스 말이야. 안에는 은 목걸이가 들어 있었지. 금속 알레르기가 있던 전 여자친구한테 백일 선물로 줬다가… 기억하지? 욕먹고 차여서 너랑 술 마셨잖아. 나쁜 계집애! 내가 지한테 어떻게 했는데. 아무튼 나는 목걸이 아래에 고정되어 있던 스티로폼을 들어냈어. 바로 그 아래 진짜 출입증이 있었으니까. 그럼 가방에 있던 출입증은 뭐냐고? 가짜지.

소개팅녀의 얼굴도 궁금했고 부장이 보자고 한 이유도 궁금했어. 그래서 한 가지를 선택하기 위해 미래로 가봤지. 소개팅녀와의 약속 장소를 부장이 예약해둔 일식집으로 변경했어. 일단 소개팅녀의 실물을 확인한 후 부장과 상무가 미리 도착해 있던 방으로 가서 그들의 대화를 몰래 들었지. 분위기가 심상치 않았어. 그런데 5분밖에 머물 수가 없잖

아. 그들의 계획을 알아내지 못했지. 그곳에 가지 않을 수도 있었지만, 한 번은 겪어야 할 일 같았어. 그래서 가짜 출입증을 들고 약속 장소로 갔던 거야.

# # #

진짜 출입증을 목에 걸고 회장실에 갔어. 회실 앞에는 15명의 건장한 체격을 가진 남자들이 버티고 있었어. 그들은 날 막아섰어. 그러나 난 쫄지 않았지. 알잖아. 15대 1에도 끄떡없는 나의 싸움 스킬! 딱 두 손가락으로 그들을 다 처리해줬지. 쾅! 회장실 문을 발로 차고 들어갔어.

회장은 등지고 앉아 창을 내려다보고 있더군. 사람이 왔는데 꼼짝을 안 하더라고. 아휴, 금수저로만 밥 먹고 산 놈. 어쩌겠냐. 내가 먼저 운을 띄웠지.

"회장님. 제가 누군지 아십니까?"

나도 뭐 이판사판으로 분위기 좀 잡았어. 아주 건조하고 무거운 목소리로. 나를 돌아보는 회장의 목에는 가짜 출입증이 걸려 있었지. 회장은 내 목에 걸린 출입증을 보고 잠시 당황했어.

"어떻게 된 거지? 한 개가 아니었나?"

"아뇨. 진짜는 제 목에 걸고 있는 한 개뿐입니다. 그건 가짜고요."

그냥 "미안하다."고 하면 용서하려고 했어. 그런데 회장은 목에 걸고 있던 출입증을 빼서 던져버리고 이렇게 말했어.

"일 처리 똑바로 하는 놈들이 없구만. 저런 놈들한테 일을 맡기느니 저 출입증으로 처리하는 게 빠르겠군. 이렇게 하지. 깨끗하게 나와 거

래하자고. 난 그런 양아치 수법 안 써. 알잖아. 나, 원하는 건 다 손에 넣을 수 있는 재벌이란 거. 원하는 만큼 써."

그는 내게 백지 수표를 던졌고, 나는 실소가 터졌어.

"이 회사를 저한테 주세요. 그럼 생각해보죠."

"이 건방진 버러지 같은 놈. 어이가 없네. 죽고 싶어?"

회장은 서랍에서 총을 꺼내 들었어. 그리고 나를 향해 겨눴지. 출입증을 내놓지 않으면 죽이겠다고 했어.

"이 출입증! 당신들이 하찮게 생각하는 사람들이 차는 거 아냐? 근데 이게 당신이 가진 돈까지 쥐고 흔들 수 있다고 생각하니까, 안 되겠어? 하찮은 거라도 뺏어야겠어?"

그는 곧 총을 쏠 것 같았어. 그러나 나는 겁먹지 않고 말을 이었지.

"그럼 어디 당신이 쏘는 총과 내가 이동하는 것 중에 뭐가 더 빠른지 보자고!"

그리고는 땅! 총성이 울렸어. 그리고는… 음… 빨리 말하라고? 그게… 잠에서 깼지. 하하하. 내가 아까 말했잖아. 아침부터 분하고 억울했다고.

오늘은 최대한 일찍 퇴근해서 집에 가야겠어. 난 절대 그놈에게 당하지 않아. 아차, 근데 오늘 과장놈이 비용 지출서 다 정리하라고 했는데. 그 자식은 꿈에서나 현실에서나 도움이 안 된다. 아! 얌마, 왜 때려! 뭐? 너도 꿈이라고 생각하고 날 막 패고 싶다고! 장난 그만해. 아무튼 난 멋지게 복수할 거야. 어차피 밤은 또 오니까.

직함 없이 이름만 불리는 당신에게
보여주고 싶었던 '코믹 드라마'

상상력은 주로 사무실에서 혼밥을 먹을 때 발동된다. 조용한 곳에서 음식물을 씹다 보면 생각이 확장되는 것이다. 씹는 행위에 집중하면 스트레스가 줄어들고 창의력이 상승한다. 이래서 내가 늘 뚱뚱하지만, 그렇다.

이 짧은 시놉시스도 회사 점심시간에 썼다. 기회가 되면 나중에 시나리오로 발전시킬 생각이었다. 그런데 1년 후 〈비정규직 특수요원〉이란 영화가 개봉됐다. 계약직 스파이란 비슷한 설정을 가진. 역시 사람들의 생각은 비슷하구나. 10년 만에 쓴 나의 첫 시놉시스는 이렇게 생을 마감하게 됐다. 사무실에서 태어난 널 이곳에 뿌려주마. 잠시지만 너를 쓰며 행복했다. 잘 가라.

Made in Office

# # #

나는 스파이다.
세상은 '도둑년'이라 부르고
회사는 '일용직'이라 부르지만
나는 스파이다.

35세 비혼(?)녀 함정아. 성은 함이고, 이름은 정아다. 이름부터 시작해 외모, 학벌, 가족 등 그녀의 모든 옵션은 평균 이하다. 그래서 죽을 때까지 남과 비교당해야 하는 '헬조선'에 사는 것이 위축될 법도 한데, 당당하다 못해 거만하다. 이유는 '내가 이래봬도 전문직 종사자'라는 거다. 그녀의 직업은 '스파이'다. 현실은 흥신소 '모든넷'의 오래된 일용직 노동자지만….

그녀의 특기는 위장 취업이다. 식당 아줌마, 청소 아줌마, 시장 아줌마 등 만 가지의 아줌마 캐릭터를 실감나게 연기하는 능력을 지녔다. 아줌마 메소드 연기로 정아가 하는 일은 비슷비슷하다. 바닥부터 시작해 대박 낸 사장의 성공비법을 훔쳐서 강남 사장에게 넘기기, 시험 문제를 훔쳐서 강남 학생에게 넘기기, 남편의 외도 증거를 모아 강남 사모님에게 넘기기 등이다. 그래서 사람들은 그녀를 '도둑년'이라 부른다.

그런 그녀에게 어마무시한 프로젝트가 맡겨졌다. 고객은 한국 10대 기업으로 꼽히는 골드전자. 정아는 신생 스타트업인 '렛잇고'에서 인공지능 기술을 훔쳐내 골드전자에 넘겨야 한다. 성공하면 10억이 주어진다. 그럼 늘 집 창문으로 봐왔던 꼬마 건물의 주인이 될 수 있다.

아줌마 연기에는 천재적인 그녀지만, 이번에는 접근이 쉽지 않다. 그러던 중 대학생 인턴을 뽑는다는 렛잇고의 채용공고를 보게 된다. 정아는 처음으로 20대 인턴 연기에 도전하게 된다. 그러나 대표부터 막내까지 자신보다 어린 3명의 애송이들에게 인턴 역할을 하는 것이 쉽지 않다. 일단 얼굴부터가 그렇다. 결국 '노안 인턴'이라 불리는 굴욕으로 회사생활을 시작하게 된다. 여기에 렛잇고 대표인 31살의 최곤은 그녀가 실수가 잦다며 '그냥 노안 인턴'이 아니라 '어리바리 노안 인턴'이라 부른다.

그러던 어느 날, 정아는 대형 사고를 친다. 한국을 방문한 세계적인 투자자 '제이슨'의 중요한 전화를 놓친 것이다. 이로 인해 인턴 자리에서 잘린 위기에 처한다. 어쩔 수 없이 빨리 일을 끝내기 위해 밤에 사무실에 잠입한다. 그러나 먼저 숨어들어 무언가를 훔치고 있던 막내 사원 권남과 마주친다. 때마침 경보가 울리고 정아는 본능적으로 권남을 제압한다. 어쩌다보니 산업 스파이를 잡은 인턴이 된 것이다. 이 사건을 계기로 정아는 최곤과 가까워진다. 그러면서 최곤에 대해 알아가게 되는데…. 당연히 부잣집 아들일 거라 생각했던 그가 사실은 지독한 가난을 뚫고 성장한 촉망받는 젊은 사업가란 것을 알고는 그에게 호감을 느끼게 된다.

Made in Office

계속된 악재로 '렛잇고'는 더욱 어려워진다. 이런 상황에서 공동 창업자였던 연주는 '스타트업 경력'으로 S전자 공채에 합격하고 회사를 관둔다. 결국 '렛잇고'에는 최곤과 정아만 남게 되고, 이들은 자연스럽게 연인으로 발전한다. 두 사람은 마지막 희망을 걸고 미국으로 떠나는 제이슨에게 투자 제안서를 들고 가지만, 기회를 놓치고 만다.

때마침 박흥신이 정아를 찾아온다. 골드전자에서 재촉하고 있다며, 이번 주 안에 기술을 빼내 넘겨주면 약속한 금액의 2배인 20억을 주기로 했다는 얘기를 전한다. 정아는 갈등을 하게 된다. 사실 정아에게도 이 일은 마지막 기회일지도 모르기 때문이다.

과거 정아는 계약직을 전전하며 밤에는 룸살롱 주방에서 아르바이트를 하며 살았다. 성실하고 부지런했지만 회사생활은 늘 계약직으로 종료됐고, 학자금 대출은 늘 이자 갚기도 빠듯했다. 그러던 어느 날 룸살롱에서 함께 일하던 박흥신에게 황당한 제안을 받았다. 건달치고는 성격이 싹싹해서 룸살롱 VIP의 민원을 해결해주던 그가 '모든넷'이란 회사를 차리는데 '스파이'를 해보라는 것이었다. 처음에는 황당했지만, 달리 방법이 없었다. 그렇게 시작한 일은 의외로 그녀와 잘 맞았고, 무엇보다 학자금 대출을 금방 갚을 수 있을 만큼 벌이가 쏠쏠했다. 이대로라면 금방 꼬마 건물주 정도는 꿈꿀 수 있을 것 같았다. 그러던 중 골드전자의 의뢰 건으로 생각보다 더 빨리 그 꿈을 이룰 기회가 온 것이다.

결국 정아는 꿈을 선택한다. 최곤 몰래 기술을 훔쳐 골드전자에 넘긴다. 갑자기 사라진 정아를 걱정하던 최곤에게 과거 산업 스파이로 몰렸던 권남이 찾아와 진짜 산업 스파이는 정아라는 사실을 말한다. 괴로워하던 최곤은 자살을 암시하는 메모를 남기고 사라진다.

얼마 후 정아는 인천공항에서 박홍신의 배웅을 받으며 비행기에 몸을 싣는다. 최곤의 실종 소식을 듣고 꼬마 건물 대신 미국행을 택한 것이다. 그런데 괴로워하던 정아가 비행기를 타자마자 신난 표정으로 바뀐다. 비즈니스석에 앉은 그녀 옆에는 최곤이 보인다.

사실 최곤이 정아와 연인이 되던 날, 그녀에게서 진실을 들을 수 있었다. 그리고 제이슨이 한국을 떠나던 날, 최곤과 정아는 우여곡절 끝에 그를 만났고 투자 대신 100억에 기술을 판매할 것을 제안받았다. 처음부터 한국의 작은 기업에서는 성공시킬 수 없는 기술이라 판단했던 최곤은 흔쾌히 제안을 받아들였다. 그리고 골드전자에 복수하고 싶었던 그는 정아와 함께 계획을 세워 골드전자의 돈까지 챙겨 한국을 떠난다.

정규직 희망 고문에 지친 당신에게
후딱 읽히는 '패러디 스릴러'
-퇴사자의 기억법

내가 마지막으로 회사에 출근한 건 벌써 3개월 전, 아니 4개월 전인가, 하여튼 그쯤일 거다. 그때까지 나는 매일 새벽 5시 30분에 일어났다. 버스와 지하철을 갈아타고 2시간 거리에 있는 회사로 출근했다. 왕복 4시간. 그러나 나는 한 번도 지각한 적이 없었다. '집이 멀어서 힘들지 않아?' 라며 묻는 동료를 볼 때마다 나는 속으로 되뇌곤 했다.

넌 절대 못 해. 나라서 가능한 거야.

하지만 결국 회사를 퇴사한 건 '왕복 4시간' 때문이었다. 야근하고 돌아가는 퇴근길에 교통사고가 났다. 그리고 나는 그 사고로 단기 기억상실증에 걸렸다.

CT를 찍었다. 똑바로 누워 항복하듯 두 손을 올리면 하얀 플라스틱 도넛이 나를 빨아들였다. 마치 우주선에 탑승하는 기분이다. 눈을 뜨면 화성에 도착해 있을 것만 같았다. 그럼 나도 영화 〈마션〉의 주인공처럼 우주선 안에서 감자를 키울 것이다. 난 감자를 좋아하니까. 매일 감자를 먹으면서, 그곳에서 평생을 버텨낼 수 있을 것이다.

눈을 떴을 때는 의사와 마주 앉아 있었다. 나는 왜 화성이 아닌 진료실에 앉아 있는 걸까? 나를 보는 의사의 표정이 좋지 않다.

"자고 일어나면 기억이 사라질 겁니다. 노력해도 막을 수가 없어요. 직장인이라고 하셨죠? 회사로 출퇴근하는 정상적인 생활이 어려울 것 같습니다."

# # #

녹음을 시작했다. 은희가 권해준 방법이다. 어제는 뭘 했는지, 오늘 아침에는 무엇을 했는지, 내일은 뭘 해야 하는지, 오늘 밤에는 무엇을 해야 할지, 휴대폰의 녹음 앱에다 말하고 또 말했다. 종일 휴대폰을 손에 쥐고 있었지만 잃어버리는 것이 무서워 단단한 줄이 달린 휴대폰 케이스를 샀다.

요즘은 잠에서 깨면 방 여기저기에 붙어 있는 '휴대폰 음성 파일부터 들을 것'이란 포스트잇의 글을 읽는다. 그리고 자면서도 목에 걸어둔 휴대폰의 녹음 파일부터 듣는다. 그렇지 않고는 혼자 하루를 시작할 수 없으니까.

# # #

  은희는 나의 전 직장 동료다. 가족이 없는 나를 대신해 교통사고가 있던 날도 병원에 찾아와준 고마운 사람이다. 우린 회사에서 꽤 친하게 지냈었다. 아니, 그랬다고 한다. 나는 기억을 하지 못하니까.

  그녀는 일주일에 한 번은 꼭 감자를 사들고 우리 집에 온다. 필요한 게 없냐고 물을 때마다 내가 '감자'라고 대답하기 때문이다.

  감자를 삶는다. 아침에도 감자, 점심에도 감자, 저녁에도 감자를 먹는다.

  냄비에 주먹보다 작은 감자 5개를 넣는다. 거기에 찬물을 붓고, 설탕 1숟갈과 소금 1숟갈을 넣고, 불을 켠 후 15분간 삶는다. 감자 5개, 설탕 1숟갈, 소금 1숟갈, 15분. 이것은 나만의 감자 삶기 황금 레시피다. 잊기 전에 이것도 녹음해야겠다.

# # #

  교통사고가 발단이었다. 왕복 4시간이 넘는 출퇴근 거리 때문에, 야근이 있는 날은 차를 끌고 출근했다고 한다. 이건 기억에 없다. 그러나 사고 장면은 몇 컷의 사진처럼 머릿속에 남았다.

  늦은 밤이었고, 8차선 도로에서 놈의 지프가 내 차 앞으로 뛰어들었다. 그때 나는 뭔가에 홀린 사람처럼 운전했고, 놈은 미쳐 날뛰는 괴물처럼 운전했다. 사고를 내기 위해 작정한 놈 같았다.

눈을 떴을 때는 병원이었다. 은희가 내 옆을 지키고 있었다. 그녀는 하얀색 투피스 정장에 짧은 커트 머리를 하고 있었다. 그래서 처음에는 간호사인 줄 알았다. 하얀색 투피스는 아무나 도전할 수 있는 패션은 아니니까. 회사에서 놀라서 달려왔다던 그녀는

"지프 차, 박주태, 그 사람 음주 운전이었어…. 이만하길 다행이야."
라고 말했다. 그런데 난

"누…구세요? 근데 전 왜 차를 끌고 회사에 갔죠? 버스와 전철을 탔던 것 같은데…. 맞나? 기억이 이상해요."
라고 대답했다.

은희는 당황한 표정과는 달리 차분한 목소리로 간호사를 불렀다. 그리고는 의사 선생님을 만나봐야 할 것 같다고 말했다.

# # #

음성 파일을 듣다가 놀라 까무러칠 뻔했다. 내가 어제 회사에 출근했기 때문이다. 전날 거실에서 잠이 든 탓에 포스트잇 메모를 읽지 못했고, 녹음 파일을 듣지 못한 거다. 그리고는 몸의 기억을 따라 회사에 출근해 내 책상에 앉았다.

퇴근길에 사고를 당한 전 직장 동료가 갑자기 사무실에 등장한다면… 안타까운 마음일까? 부담되는 마음일까? 분명한 건 전자는 아니다. 왜냐면

Made in Office

"절대… 다시는… 이런 실수를 하지 말아야 한다. 넌 퇴사자다. 출근하지 않는다."

라고 녹음되어 있었으니까.

# # #

숨죽이고 있어도 돈이 필요하다. 퇴직금이 점점 줄어들고 있다. 그러나 이런 내가 무엇을 할 수 있을까? 잠을 자고 일어나면 모든 기억이 리셋되는 내가 무엇을 할 수 있을까? 그리고 보니 회사에서 나는 어떤 일을 했던 걸까? 가끔 희미하게 몇 가지의 기억이 불쑥 떠오른다. 뭔가를 맞춰볼 수 있을 것만 같다. 그런데 갑자기 두통이 밀려온다.

생각하지 말자. 그냥 은희에게 물어보자.

# # #

요즘 은희에게서 연락이 오지 않는다. 최악을 상상하며 마음의 준비를 한다. 내게 가족도 친구도 없다는 최악을 상상하며, 세상에 혼자 남겨질 놈의 외로움에 대비하기로 한다. 그러다 코를 골며 잠이 들었다. 잠에서 깨어보니 은희가 왔다간 흔적이 있었다. 식탁에 유기농 감자 한 상자가 놓여 있었으니까.

은희는 내가 실수로 회사에 출근한 후 노골적으로 연락을 피하는 것 같다. 그런데 또 감자를 사들고 우리 집에 왔다. 내가 잠들어 있는 사이에…. 뭘까? 내가 무엇을 잘못한 걸까?

# # #

화장실 변기 수조 안에서 통장을 발견했다. 비닐에 꽁꽁 싸여서는 무거운 돌에 짓눌려 있었다. 열어보니 통장의 주인은 나였다. 내게 이런 통장이 있었던가.

나는 통장을 없애기 위해 은행에 갔다가 놀라운 사실을 알게 됐다. 정체불명의 통장에 20억이 들어있단 사실이다. 날짜를 확인해보니 사고를 당한 날 10억, 그리고 회사를 찾아간 날 10억이 입금되어 있었다. 어떻게 된 것일까?

하필이면 이때 생각나는 건 은희뿐이다. 그녀에게 전화를 걸었다. 그러나 오늘도 전화를 받지 않는다. 답답한 마음에 메시지라도 남겨본다.

은희야. 내 통장에 20억이 들어 있어.

# # #

오늘은 감자를 삶지 않았다. 대신 편의점에서 삶은 감자 맛이 난다는 과자를 샀다. 편의점 주인은 없어서 못 파는 과자라며 내게 운이 좋다고 했다.

집에 와서 삶은 감자 맛이 나는 과자를 먹으며 20억이 찍힌 통장을 바라봤다. 뚫어지게….

다시 아침이 찾아왔다. 눈을 뜨면 또 백지 상태다. 당혹스런 내 눈에 가장 먼저 들어오는 건 방 안을 도배한 '휴대폰 녹음 파일부터 들을 것'

이란 포스트잇 메시지다. 어젯밤에 녹음된 파일을 눌렀다. 내 목소리가 흘러나온다.

"어차피 다시는 회사를 다닐 수 없다. 그냥 그 20억으로 살아보자."

# # #

이사를 했다. 그리고 작은 가게를 열었다. 감자요리 가게였다. 메뉴는 3가지다. 감자 수프, 치즈 감자, 그리고 삶은 감자다. 가장 잘 팔리는 건 아이러니하게도 가장 간단한 '삶은 감자'다. 주문이 들어오면 그때부터 감자를 삶기 시작한다. 감자 5개, 설탕 1순갈, 소금 1순갈, 15분… 나의 황금 레시피다.

또 아침이다. 눈을 뜨니 사방이 하얗다. 이사한 집의 벽을 하얀색 벽지로 도배하고, 방 안에는 하얀색 이불을 깔아둔 하얀 침대만 덩그러니 있기 때문이다. 나는 몸이 시키는 대로 휴대폰 녹음 파일을 켰다.

"감자 2박스, 모차렐라 치즈, 설탕을 구매할 것. 오늘은 꼭 9시에 오픈할 것."

어떤 날은 정신이 또렷하고, 또 어떤 날은 흐릿하다. 그래서 녹음은 필수다.

# # #

"김병수 씨 아냐?"

삶은 감자를 주문하던 남자가 말했다. 그가 내 이름을 안다.

"병수 씨!"

그가 내 손을 잡았다. 나는 그의 손을 뿌리쳤다.

"그렇게 되고 회사에 한 번 왔었다며? 하필 그날 내가 휴가였어. 병수 씨 그렇게 그만두고 내가 얼마나 미안했는지 알아? 나라고 병수 씨 정규직 시켜주고 싶지 않았겠어? 그런데 일이 꼬여버려서는….."

"저를… 아십니까?"

그는 묘한 표정으로 나를 보다가 입을 열었다.

"자네 기억상실증에 걸렸다더니…. 정말 그랬군. 최 상무님께 얘기를 듣기는 했는데…. 상무님 기억나? 최은희 상무님. 왜 있잖아, 젊고 예쁜 대표님 딸! 낙하산! 몇 달 전에 건실물산 아들이랑 결혼하고 미국 갔어. 첩 딸이라 후계자 경쟁에서는 밀린 것 같아. 그래도 금수저니까 먹고 살 걱정은 없으니 좋겠지. 아, 그리고 나는 차장으로 승진했어….."

남자는 묻지도 않은 얘기를 주절주절 늘어놓았다. 나는 그가 주문한 감자를 삶으며 멍한 표정으로 그를 바라봤다. 그렇게 15분이 지나갔다. 남자는 포장된 삶은 감자를 받아 들고는 이런 말을 남기고 떠났다.

"이왕 이렇게 된 거, 잘 살아. 기억을 잃은 건 안타깝지만, 또 어찌 보면 이렇게 사는 게 행복한 건지도 몰라. 직장생활 해봐야 별거 없잖아."

나는 남자의 뒷모습을 지켜봤다. 그가 사라진 후 서랍에서 노트를 꺼냈다. 나의 감자 요리 레시피가 가득 적힌 노트였다. 그러다 문득 의문이 생겼다.

사람이 식성도 변하는 건가? 박태주 저 놈은 감자를 싫어했는데….

　나는 식품 회사 메뉴 개발팀에서 일했다. 정규직은 아니고 계약직이었다. 회사까지 왕복 4시간이 걸렸지만, 단 한 번도 지각한 적이 없었다. 왜냐면 하고 싶은 일이었으니까.

　그곳에 입사한 후 매일 감자를 삶았다. 감자를 주 재료로 한 메뉴 개발 프로젝트에 참여하고 있었으니까. 사실 참여라는 말보다 보조라는 말이 정확하다. 그때 박태주는 프로젝트 매니저였다. 회사에서 그는 '히트 메뉴 제조기'라고 불렸다. 인성 논란이 있었지만, 그런 사람 밑에서 일을 배우는 건 행운이라 생각했다.

　대단한 예술가도 매번 성공적인 작품을 선보일 순 없다. 그도 마찬가지였다. 싫어하는 감자로 메뉴를 개발하던 그는 어려움을 겪고 있었다. 그때 박태주의 눈에 띈 것이 나였다. 매일 아침 감자를 삶아 놓는 이름 모를 계약직 직원…. 정확히는 그 직원이 메모해둔 다양한 레시피가 적힌 노트였다.

　그는 내게 레시피 공유를 제안했다. 메뉴 개발에 함께 참여하는 것이 정규직 전환의 기회라고 말했다. 그래서 나는 그에게 나의 레시피 노트를 건넸다.

　한 달 뒤, 삶은 감자 맛을 그대로 재연한 감자 스낵을 출시했다. 인기가 상상초월이었다. 대형마트, 구멍가게 할 것 없이 품귀 현상이 일어났다. 인터넷에서 2배가 넘는 가격에 불법 거래가 될 정도였다.

덕분에 박태주는 신문, 방송 할 것 없이 자주 등장했다. 그런데 그 어떤 인터뷰에서도 내 얘기는 꺼내지 않았다. 그리고 회사에서는 내게 계약서에 명시된 날짜까지만 일해 달라고 통보했다.

억울한 마음에 익명으로 언론사에 내용을 제보했다. 한 친절한 기자가 답장을 보냈다. 보다 확실한 증거가 있으면 취재를 고민해보겠다고 했다. 하지만 내게는 그것들을 증명할 증거가 없었다. 노트마저 내 손에 없었다.

# # #

퇴사 전날 밤, 차를 몰고 회사에 갔다. 마지막 날은 휴가를 신청할 계획이었다. 무거운 짐을 들고 2시간 거리를 퇴근하는 게 끔찍했다. 그래서 미리 짐을 빼올 생각이었다. 그리고 혹시나 박태주 자리에서 내 노트를 가져올 수도 있단 생각이 들었다. 아무도 없는 사무실에서 짐을 싼 후 박태주의 사무실로 향했다. 살짝 문이 열려 있는 그의 사무실에는 불이 켜져 있었다. 포기하고 돌아서려는데, 그곳에서 여자 목소리가 들렸다. 나는 직감적으로 휴대폰 카메라를 켜고 조용히 문틈에 들이밀었다.

사무실에는 박태주와 최 상무⋯ 그러니까 은희가 술을 마시고 있었다. 하얀색 투피스 정장을 입고 있던 그녀가 말했다.

"어떤 기자한테 연락 왔었어. 삶은 감자 맛 과자, 계약직 직원 레시피 훔쳐서 만든 거냐고⋯. 일단 아니라고 했지만, 사실 확인이 필요해. 진짜야?"

Made in Office

"부모도 가족도 없는 강원도 촌놈이 계약직으로 들어왔더라고요. 원래 촌놈들이 감자를 좋아하잖아요. 노트에 감자 스낵 레시피가 잔뜩 있었는데, 그중에 제가 하나를 써준거죠. 어차피 계약 끝나면 끝인데, 저라도 그 열정의 레시피를 써주는 게 좋잖아요?"

　　나는 순순히 자백하는 그의 말과 표정을 촬영했다. 결정적 증거를 촬영하고 도망가려던 찰나, 뜻밖의 장면을 목격하게 됐다. 최 상무와 박태주의 격정적 애정 신이었다. 상당한 노출이 있는…. 그런데 이 장면에는 문제가 있었다. 왜냐하면 최 상무는 약혼자가 있고, 박태주는 아내가 있었기 때문이다.

　　잠시 갈등했지만, 이 모든 일을 간단하게 끝내고 싶었다. 돈으로 말이다. 나는 1년 전에 돌아가신 아버지의 휴대폰으로 영상을 보냈다. 차마 해지하지 못했던 휴대폰이었다.

　　나는 박태주와 최 상무가 허물처럼 벗어둔 옷을 주워 입을 때까지 기다렸다가 사무실로 들어갔다.

　　나는 최 상무, 그러니까 은희에게 10억을 받았다. 그녀는 그 자리에서 바로 내 계좌로 10억을 입금시켰다. 그리고 박태주에게서 나의 레시피 노트를 돌려받았다.

# # #

　　집으로 돌아가는 길에 최 상무에게 전화가 왔다. 그녀는 영상이 또 있는 게 아니냐고 물었다. 나는 사실대로 말했다. 있다고…. 그녀는 원하는 것을 말하라고 했다. 그래서 나는 추가로 10억을 더 주거나 아니면 박태주의 만행을 회사에 직접 까발릴 것을 요구했다.

그녀는 망설였다. 그때였다. 미쳐 날뛰며 나를 쫓아오던 박태주의 지프와 충돌한 건.

최 상무는 친구인 척 내게 접근해 복사본 영상을 찾아내려 했다. 그녀는 감자를 사 들고 올 때마다 내가 녹음을 잘하고 있는지 확인한다며 내 휴대폰을 뒤졌다. 그러나 그곳에는 영상이 없었다.

처음에 내가 기억상실증에 걸렸던 건 맞다. 그런데 어느 날 눈을 떴을 때 기억 일부가 돌아왔다. 그날은 내가 회사에 출근했던 날이다. 기억 일부가 돌아온 것을 본 최 상무는 10억을 마저 보냈다. 그리고는 내가 잠들어 있는 사이에 우리 집에 와서 아버지의 휴대폰을 가져갔다. 물론 나는 일부러 그곳에 뒀다. 가져가라고….

그 후 은희는 약혼자와 미국으로 떠났다.

# # #

5시 30분에 일어났다. 출근 준비를 위해서다. 오늘은 전 직장으로 출근할 계획이다. 일찍 도착해 박태주의 사무실에 삶은 감자를 올려놓고, 그가 출근할 때까지 기다릴 것이다.

20억으로 모든 것을 끝내야겠다고 생각했다. 박태주가 찾아오기 전까지는 말이다. 그러나 사람을 죽이려고 한 것도 모자라 끝까지 자신의 잘못이 밝혀질까 두려워 날 찾아온 박태주…. 이제 눈에는 눈, 이에는 이다. 네가 한없이 작아질 때까지, 아니 우주의 먼지가 될 때까지, 아니 아예 사라질 때까지… 나는 너를 말려 죽여야겠다.

Epilogue

　남들은 모두 여름 휴가를 떠난 여름의 어느 토요일. 나는 이 책의 원고를 정리하기 위해 도서관에 왔다. 집에서 도서관까지의 거리는 7분. 매우 가깝지만, 자외선과 폭염이 발사되는 오늘은 길다. 너무 긴 시간이다. 단 7분 만에 나의 얼굴은 식용유가 달궈진 프라이팬처럼 미끌미끌한 기름으로 가득하다.

　근데 열람실이 만석이란다. 대기하란다. 이 사람들은 왜 휴가도 안 가고 여기 다 모여 있지? 오만상을 짓다가, 이것이 위로되는 광경이란 것을 깨닫는다. 당신들도 나처럼 사는구나. 고생이다.

# # #

　긴 기다림 끝에 노트북 전용 열람실에 자리를 잡았다. 도서관 열람실에 들어온 건 10년 만이다. 그런데 내가 살이 찐 걸까? 이 도서관의 책상이 남다른 걸까? 10인치 노트북을 올려놨을 뿐인데 여유 공간이 없다. 게다가 양 옆에는 건장한 체격의 남학생들이 있다. 나를 둘러싸고 있는 모든 것들이 꽉 찬 느낌이다. 그리고 책상 앞에 붙어 있는 무시무시한 글이 나를 긴장시킨다. 빨간 글씨로 '마우스 사용 금지'와 '키보드는 조용히 사용'이라 적혀 있다.

그럼 여기서 뭘 하란 거지? 힐끔, 왼쪽에 있는 남학생을 훔쳐보니 태블릿 PC로 인터넷 강의를 보는 중이다. 다시 힐끔, 오른쪽에 있는 남학생을 훔쳐보니 스마트폰으로 게임 중이다. 역시, 책상이 작은 이유가 있었다.

딱히 갈 곳이 생각나진 않지만 일단 가방을 챙겨 일어났다. 그러자 창문 방충망에 붙어 있던 매미의 울음소리가 커진다. 마치 나에게

"너 지금 밖으로 나오면 쪄 죽는다. 맴맴."

이라고 말하는 것 같다. 하긴, 갈 곳도 없는데 무작정 나갔다가는 더위에 녹아서 실종될지도 모른다. 단 7분 만에 말이다.

다시 노트북을 꺼냈다. 간단하게 손가락의 긴장감을 풀어준 후 키보드를 두드리기 시작했다. 정확히는 '키보드를 조용히 사용'하기 위해 간질거리듯 키보드를 살짝 터치할 뿐이다.

# # #

회사생활도 이랬다. 폭염이 내리쬐는 날씨에 간 열람실과 비슷했다. 회사생활 10년 중에 8년은 비정규직으로 일했는데, 삶 전체로 계산하면 짧은 시간이다. 그러나 나는 이 시간이 숨 막히는 더위를 뚫고 도서관에 갔던 7분처럼 길게 느껴졌다. 사무실에선 또 어떤가. 노트북 열람실에서 정작 노트북 키보드를 조용히 사용해야 하는 것처럼, 내가 진행한 업무를 내 것이라 말할 수 없는 상황이 많았다. 마치 책상에 빨간 글

씨로 '업무는 완벽하게' 그리고 '성과는 정규직 직원에게'라고 써서 붙여 놓은 것 같았다.

그러다 어느 날, 몸이 아파 병원에 갔다. 의사는 '스트레스가 원인'이라고 했다. 그러면서 요즘 스트레스 받는 일이 있었냐고 물었다. 나는 회사 일도 바쁘고 신경 쓸 게 많았다고 했다. 그러자 의사는 되도록 스트레스 받지 마세요, 라는 처방을 내렸다. 회사를 관두라는 말 같았다. 나를 먹여 살릴 것도 아니면서 말이다.

# # #

그래서 글을 쓰기 시작했다. 스트레스로 꽉 막힌 내 삶의 혈을 꾹꾹 눌러주기 위해서였다. '브런치'란 플랫폼에 글을 쓰는 일은 나의 테라피 관리법이었다. 쓰고 나면 스트레스가 완화되고 기의 흐름이 활발해지는 느낌이었다. 게다가 가끔 누군가 공감을 해줄 때는 물파스를 바른 것처럼 뭉친 근육까지 시원해졌다.

시작은 나를 위해서였다. 누군가의 폭풍 공감을 위해서라던가 회사의 비정규직 처우를 비판하려는 목적이 아니었다. 그냥 나의 비정규직 회사생활과 내 주변 직장인들의 이야기를 기록하면서, 혈액 순환이 잘 되는 삶을 만들고 싶었다.

이렇게 쓰기 시작한 글이 누적 조회 수 200만을 기록하고, 카카오 브런치 프로젝트 은상을 받고, 출판사와 계약하게 된 것은 의외의 결과였다. 그러나 의외로 벌어진 이런 일들을 과분하게 받아들이고 싶지 않다. 겸손 떨며 고개 숙인 벼로 빙의하는 건 회사에서만으로도 충분하니까.

어쨌든 나를 위해 쓰기 시작해서, 읽어줄 누군가를 위해 수정 중인 지금! 고맙게도 이 책을 읽어준 당신께 이런 얘기를 하고 싶다.

"지금 당장 빛나지 않는다고 기죽지 마세요.
반짝이지 못하는 자신의 모습까지 사랑하다 보면,
결국 빛날 수밖에 없거든요.
우린 아직 숨겨진 보석일 뿐이란 사실! 잊지 마세요."

★슈슈슈-퍼★
나는계약직입니다

2018년 8월 1일 초판 1쇄 인쇄
2018년 8월 8일 초판 1쇄 발행

지은이 | 이하루
펴낸이 | 이준원
펴낸곳 | (주)황금부엉이

주소 | 서울시 마포구 양화로 127 (서교동) 첨단빌딩 5층
전화 | 02-338-9151
팩스 | 02-338-9155
인터넷 홈페이지 | www.goldenowl.co.kr
출판등록 | 2002년 10월 30일 제 10-2494호

본부장 | 홍종훈
편집 | 강현주
디자인 | 윤선미
일러스트 | 최예림
전략마케팅 | 구본철, 차정욱, 나진호, 이동후, 강호묵
제작 | 김유석

ISBN 978-89-6030-509-0 13320

* 이 책은 한국출판문화산업진흥원의 2018년 '우수 출판 콘텐츠 제작 지원 사업' 선정
  작입니다.
* 본문 아이콘 Designed by Freepik

황금부엉이에서 출간하고 싶은 원고가 있으신가요? 생각해보신 책의 제목(가제), 내용에 대한 소개,
간단한 자기소개, 연락처를 book@goldenowl.co.kr 메일로 보내주세요. 집필하신 원고가 있다면
원고의 일부 또는 전체를 함께 보내주시면 더욱 좋습니다. 책의 집필이 아닌 기획안을 제안해 주셔
도 좋습니다. 보내주신 분이 저 자신이라는 마음으로 정성을 다해 검토하겠습니다.